不反應的練習

讓所有煩惱都消失，世界最強、最古老的心理訓練入門

草薙 龍瞬——著
Ryushun Kusanagi
劉滌昭——譯

反応しない練習

あらゆる悩みが消えていく
ブッダの超・合理的な「考え方」

〈前言〉

讓所有煩惱都消失的佛陀超合理思考法

人活在世上，什麼遭遇都有，心中難免常苦於「人生一點也不輕鬆」。

然而這些日常煩惱卻是有辦法明智克服的。

事實上，人生所有的煩惱都起於「某一件事」。只要明白這點，再加以**「正確思考」，任何煩惱一定都能消除。**這就是本書所要傳達給大家的。

究竟，我們日常生活中所謂的「煩惱」是什麼？

・總是迫於生活的追趕，內心無法從容。

・對現在的工作不滿意。想到未來就會感到不安。

・厭惡的事、不幸的遭遇、反覆的失敗，導致情緒低落。

・與同事個性不合。人際關係帶來壓力。

乍看之下，似乎全是單憑自己一個人無力解決，需要花費時間處理的問題。

但事實上未必如此。

因為這些煩惱都是從「內心反應」而起。

說到「內心反應」，應該有不少人一下子無法完全意會過來吧？其實，若說日常生活都是由「內心反應」所構成，也不為過。

例如，上午通勤尖鋒時間對「每天擠擠擠」覺得煩，是導致內心鬱悶的反應。對他人不體貼感到不快，是形成怒氣的反應。在重要場合，「我說不定會失敗……」的負面想法油然而生，是造成不安和緊張的反應。與人碰面時、工作中，甚至是走在路上，內心時時刻刻都在反應。

這個結果使得我們時常焦躁、情緒低落，對未來感到不安和壓力，失敗後感到痛苦、懊悔，種種「煩惱」緣此而生。

也就是說，煩惱開始時，一定「內心有所反應」，讓心理忍不住產生變化。這就是製造出煩惱的「那一件事」。

既然如此，有一個方法能夠根本解決所有的煩惱，那就是——**「不要作無謂的反應」**。

請想想看，如果不再產生多餘的反應，人生會變得多麼輕鬆愉快？

沒有這些無謂反應，就不再猶豫不決、不再沮喪、不再生氣發怒、不再感到壓力、在眾人面前不再緊張、回顧過去不再後悔、對未來不再感覺不安——「人生終於得到拯救」，不是嗎？內心變得輕鬆，如此一來，一定能更接近幸福。

或許有人會誤解，但我所說的不反應，並非強行忍耐、漠視一切或毫不關心，而是指從「一開始就不要有」徒增煩惱的多餘反應。一旦出現憤怒、不安或「責怪自己」的負面情緒，就應立即重新整理心情，或將反應消除。

你曾因為不必要的無謂反應，遭遇過多麼重大的失敗，產生過多大的煩惱……

就從現在開始，邁向「不作無謂反應」的生活吧！

教導我們「不反應練習」的，是古代印度的得道智者、覺醒的人——佛陀。

最初佛陀的教誨是「藉由停止內心無謂的反應，來消除一切煩惱以及痛苦的方法」。內容大略分為兩部分：

①觀察內心反應

②合理思考

①「觀察內心反應」，是指大家熟悉的「坐禪」，以及經常聽到的「正念」或「內觀靜心」。奇妙的是，細細覺察心的反應和心的作用，雜亂的內心就能平靜下來。這是化解壓力和轉換心情的最佳方法。請務必詳閱〈第1章〉。

其次，②「合理思考」則是指為達到目的，有條理地思考。透過這本書，我們的目的是「不作無謂反應」「不徒增煩惱」。遵循佛陀的教誨，充分學習和思考這些對任何人而言都非常重要的課題：

・不作多餘的判斷。任何時候都不要否定自己〈第2章〉
・勿受不滿或壓力等負面情感所苦〈第3章〉
・別在意他人的眼光，過自己的生活〈第4章〉
・改掉過度拘泥於勝負優劣的性格〈第5章〉
・現在開始，發自內心接納自己的人生〈終章〉

本書的特色就是直接從原始佛教，也就是佛陀親說的正法中，學習消除煩惱的「佛陀思考法」。原始佛教是兩千五百年前佛陀在印度住世時所提倡的最古老教義，書裡將佛陀充滿智慧的話語，以簡單易懂的語言翻譯，並豐富地加以介紹。

原始佛教與許多人會聯想到的「佛教用語」的宗教內容完全不同，充滿了**適用於現代且合乎理性的實用「思考法」**。希望大家在日常生活中多加運用。

你不必再煩惱了。向佛陀學習，每天務必以「無論在什麼狀況下，都不輕率反應」「煩惱要正確思考和解決」為目標地鍛鍊心性吧。

這是能為我們的人生帶來平靜、滿足、幸福，應銘記在心的關鍵要點。讓我們開始練習吧！

目錄

第2章
不作多餘的判斷,也不要否定自己

第3章 別被不滿或壓力等負面情感所苦

如何與棘手的人相處？ 116

大原則——只在乎內心樂的反應就好 128

第4章 別在意他人的眼光，還自己自由

第5章 正確的競爭

終章　回校思考的基準

第1章

反應之前，先理解原因

不要試圖擺脫煩惱，而要去理解它

世人常說「人生在世不免煩惱」。但是很意外的，真正了解「煩惱真相」的人卻很少。

人們對自己不滿意人生感到茫然，即使有「不應該繼續這樣下去」的想法，但因為不了解「煩惱的真正原因」，所以無力解決。工作上、家人相處之間，就算感覺到懊惱、憤怒、失望、消沉、不安，卻因為不知道能夠解決的思考方式，而讓不滿的情緒一直持續下去。

佛陀的想法是，對於我們平時出現的煩惱，應先從「理解」著手。①我有煩惱↓②煩惱有其原因↓③煩惱有解決的方法，依此順序加以理解，**這樣一來不論任何煩惱都能確實解決，這就是佛陀的合理思考法。**

光是理解煩惱，就能跨出第一步

首先，我們回想一下平時的心境（內心）。

・工作不如預期順利。沒有成就感。
・在人際關係上感到辛苦。
・過去的陰影始終揮之不去。
・很難表現自己，而備感壓力。
・對未來如何生存感到迷惘不安。

此外，遭遇意外事故與災難、生病、子女教養和家人相處之間的困擾等，每個人都有各自的煩惱。

佛陀以「八大苦」來呈現我們一生中所體會的煩惱。

> 聞道者啊，苦的聖諦是這樣的：出生就是苦（①），還有老苦（②）、病苦（③）、死苦（④）。
>
> 與所怨憎的一切相遇是苦（⑤），不得不與所想愛的別離也是苦（⑥）。
>
> 求而不能得到是苦（⑦），五蘊熾盛苦（⑧，需要太多、欲望太多，導致身心皆苦）。
>
> ——佛陀最初說法，《律藏》《犍度·大品》

佛陀所說的「苦」，是古代印度的語言，稱為「Dukkha」。這是將「困難與阻礙」（Du）與「無法埋藏的空虛」（Kha）兩個意義組合而成的用語。傳達「生存於世絕對不輕鬆」的實際感受。

佛陀思考方式的特色，在於一開始就接受「人生必定是煩惱、問題相隨」的現實。認定我們日常生活中感覺到的不滿、生存的痛苦、憂鬱等想法都是「必定存

在」。這種果決和合理性，正是佛教的特徵。

或許有些人認為「接受現實很痛苦」，其實不然。並不是要去「接受」，只是理解「存在」的東西確實「存在」而已。清楚地自覺到「我真的有煩惱，有未解決的問題」，並且思考「一定有方法能解決」。這個方法，就是我們現在開始學習的「佛陀的思考法」。

過去，我們一直過著「忍受煩惱」的日子。因為無法清楚了解不滿，才會始終維持著「心情鬱悶」的狀態。

然而，一旦理解了「有不滿存在」「有煩惱存在」，就能進一步思考「如何去解決」。

因此**首先要理解「存在的東西就是存在」**。也就是自覺到確實有不滿和未解決的煩惱。

邁向解決的希望就從這裡開始。

「明快處方箋」讓一切迎刃而解

理解了「確實有煩惱」之後，接下來要思考的是「這個煩惱的真正內容（原因）到底是什麼？」

佛陀將解決煩惱與問題的順序，歸納為下面簡單四點。

生存必定伴有「痛苦」。
痛苦必有其「原因」。
痛苦是可以「消除」的。
消除痛苦有其「方法」。

——佛陀在鹿野苑向五比丘開示，《經藏》《相應部》

這就是佛教界所說的「四個真理」（四聖諦）。儘管一眼就能明白，卻不是「信奉什麼就能得救」的宗教，而是「只要這樣思考，就能脫離痛苦、煩惱」，再簡單不過的「思考法」。

佛陀的思考法是：**認清煩惱存在的「現實」，理解它的「原因」，然後實踐解決「方法」。可說是類似先進醫學的「明快處方箋」**。

工作上、人際間的煩惱，真正的原因是什麼？

那麼，煩惱與痛苦的「原因」到底是什麼呢？

佛教的世界常說：「『執著』是痛苦的原因。」執著，就是不願放手的心態。不論如何都緊抓著不放，堅持到底。包括生氣、後悔、欲望等各種念頭。

不過，實際上經歷放下「執著」的修行方法，例如一般所謂的「坐禪」或「內觀靜心」後，卻可以發現更深層的原因。

人為什麼不願放下煩惱與執著？為什麼每天抱著各種問題不放？透過修行便能了解，製造出這些惱人現象的，正是「**心的反應**」。

確實，我們在每天的工作與生活中都會作出「反應」，都會思考。遇到厭惡的事情會生氣，對不順心的現實狀況會感到焦慮。意識到別人的目光時，會起疑或不安，「我是不是做了不對的事情……」這些全是心的反應。

那麼，這種心的反應帶來了什麼結果呢？不禁怒氣上升與對方衝突，破壞了人際關係；在重要的場合因過於緊張，未能發揮應有的能力而挫敗；回想起慘痛的過去，「當時如果那樣做的話……」而陷入痛苦的後悔中；想太多，認為「自己終究是沒用的人」而意志消沉……這些全都是「反應」。

在「執著」之前，就有產生煩惱的因素存在，那就是「心的反應」。

「啊，確實。我經常對事情作出反應，結果並不順利，因而懊惱不已。」相信你一定同意這種說法。「反應」正是煩惱的真正原因。因為這種反應，而產生人生的困擾與煩惱。

所以，我們平時應該注意一件事。

就是「**不要作無謂的反應**」。

兩千五百年前的智慧，解決現代人的煩惱綽綽有餘

人面對煩惱時，往往會產生與它「對抗」的反應。正面對抗不喜歡的人或令人不悅的現實，期望改變或戰勝對方而折騰、掙扎。

但事實上，「經過對抗而獲勝」在人生中少之又少。一個人不論擁有多高的地位、權力和財產，即使變得比過去更為強大，「不如意的現實」依然如影隨形。兩千五百年前，佛陀所說的「生存必定伴有痛苦」的現實成為永遠不變的真理，這個現實單靠「對抗」是絕對無法克服的。

反之，需要新的生存方法和更合理的思考方式。

合理的思考方法之一，就是注意「不要作無謂的反應」。

你可能心想著「我知道，但是該怎麼做呢？」佛陀教導了我們許多方法，接著就來說明。

著眼於問題的原因

所有的煩惱都從「心的反應」開始——這是第一步的理解。那麼為什麼會產生這樣的反應呢？

「碰到厭惡的事，所以發怒」，若是這種情形，導致「發怒」這種反應的原因非常清楚，就是「厭惡的事」。

但是人生中，「不知道自己為什麼作出反應」的狀況相當多。有些人會透過占卜或尋求諮詢、輔導等方式，到處找尋「原因」，但如果**使用佛陀的智慧，很簡單就能得到答案。**

例如，假設你遭遇以下煩惱。

最近對周遭的人抱怨的情形明顯增加，對職場同事或朋友的所作所為經常感到不滿，結果使得壓力和欲求不滿持續累積。這種狀況到底要如何解決？

找人商量，可能得到如下回答：

「可以體會你的心情，但你為什麼不過得輕鬆一點呢？」

「強求做不到的事，對身體不好。不妨想想其他開心的事。」

即使認為確實是如此，但問題依然無解。回到日常生活裡，又不自覺地恢復容易生氣的狀態。到底該如何是好？

佛陀用「激流」比喻真實人生

這種很難捉摸的煩惱，其實還是有解決的方法。那就是回溯到「產生反應的真正原因」來思考。

關於人類產生不滿意或不滿足的「理由」，佛陀這樣說過。

只要理解痛苦是為何產生的就好。帶來痛苦的，是不斷追求快樂的「追求心」。

——佛陀初轉法輪經，《經藏》《相應部》

佛陀所發現的「追求心」（taṇhā，巴利語意指「愛欲」「渴愛」），就是「持續反應的心理的能量」。亦即人類在生存過程中，內心深處不斷流動的意識。

「追求心」產生後，分枝為「七個欲望」。借用現代心理學的知識，所謂七個欲望是指：①生存欲（想生存），②睡眠欲（想睡覺），③食欲（想吃），④性欲（想性交），⑤怠惰欲（想輕鬆），⑥感樂欲（想享受聲音和影像等感覺的快樂），以及⑦認同欲（希望被肯定）。

的確，這些欲望都存在於我們心中。關於這一點，可以理解如下：

‧‧①首先有「追求心」，②然後產生「七個欲望」，③人受到這些欲望刺激而產生反應，④有時欲望獲得滿足而感到喜悅，⑤有時欲望落空而產生不滿。人類的一生，不斷反覆這樣的過程。

佛陀以印度氾濫成災的「激流」和「奔流」，來比喻「追求心」所製造出來的，充滿喜悅、悲傷、失望和不滿的人生。我們不也常這樣形容平時的生活嗎？

「追求心」反覆滿足和不滿足，製造出輪迴的洪水。
各種欲望成為奔流，刺激人的身體。
人類便沒入渴求滿足的欲望汙泥裡。

——《經集》〈義品・執杖經〉

如何與不滿足的心打交道？

在佛教的世界中，以「渴愛」來表達「追求心」。也就是「不斷追求，永遠渴求的不滿足之心」。我們確實能夠實際感覺到這種心情。

重要的是，必須先理解「內心原本就是如此」，會不斷「追求」，持續渴望。如果沒有接受這種持續出現的實際感受，卻對「追求心」產生反應，內心會被不滿足所驅使，一次又一次追求「人生的變化」。結果老是回憶過去，「最近好無聊，以前真是快樂」；或頻頻更換工作，「這種事我能勝任嗎？」或是追求外遇或嗑藥等危險的刺激，「我可不是泛泛之輩」，變得非常傲慢也未可知。

確實，「追求」或許能讓人發現「新的可能性」。不過佛陀教導我們的是，理解「內心即使追求，也未必能夠滿足」「即使予以反應也無濟於事（僅只是空轉毫無意義）」。

或許有人覺得「這種沒有夢想的『理解』是很無趣的」。但是，如果**確實理解「內心會持續有所追求」這樣的事實，有時心境會產生不可思議的變化。**

也就是說，若能接受「這樣下去不行」「好像有些不足」等莫名的失落感或焦慮，以及內心的渴求，了解「人生就是這樣」，反而可能獲得更大的肯定。

希望被肯定，到底有何意義？

關於前面提到的煩惱——「對周遭不滿」，不妨回溯「七個欲望」來思考。不滿到底是來自哪一個欲望？

對於生活於現代的我們而言，最實際的課題就是「認同欲」，亦即「被肯定」的欲望。這是只有人類具備，其他動物所沒有的欲望。

孩提時，認同欲以「希望被父母喜愛」的單純欲望來表現。長大一點後，則變成

「希望被誇獎」「希望成為優等生」「希望成為受歡迎的人」等自我意識。

成年之後，可能變成「工作和地位都受人尊敬」「磨練技術，增加經歷」等提升欲，或「自己比他人優秀」的優越感和榮耀，卻也可能反過來變成「自己是失敗者」的負面情緒或自卑感。

產生這些想法的，就是「希望自己得到肯定」，希望受到注目、受到愛戴、受到好評的認同欲。

這種欲望反應在外在世界時，由於「周遭的人都沒有回應我的期待」，因而感到不滿意或不滿足，甚至憤慨地認為人類和世界都不站在自己這邊。

換言之，「別人的小事情在自己眼裡都被放大，因此而感到不滿」，這種煩惱的真正原因就是「希望自己多得到一點肯定」的認同欲。

或許有些人從幼年時期感受到寂寞開始，就一直有這種念頭。

佛陀思想的基礎就是「先去理解」。不妨實際做做看。

「原來我有未能滿足的認同欲。」

「這種不滿就是認同欲的不滿。」

將「認同欲」轉換成「欲念」「欲望」「欲求」等都無妨。

如此努力用語言來客觀理解，反應便得以逐漸緩和。

「認同欲」，會成為在意他人目光的性格、嫉妒心、計較優劣勝負的執著心理等各種煩惱的原因，後面的章節中將詳加說明。如果不能理解「這種反應的原因就是認同欲」，就會因而產生反應，在意他人的眼光或受嫉妒心所刺激，反覆過著比較、競爭、興奮、失落等不斷動搖的人生。

「存在的東西就是存在」，首先必須充分理解這一點，才是最正確的心理。

如實接受「我有認同欲」的事實吧。光是這樣，原本強烈的不滿、憤慨、喪失、寂寞都能不可思議地減少。也就是說，**只要了解過去「內心渴望之真正原因」，就能**

脫離原來的不滿狀態。

了解了認同欲的「反應原因」，人會變得相當輕鬆，甚至能灑脫地思考：「受某人（或家族、社會）肯定，到底是怎麼回事？」（真的，那到底是什麼呢？）

由苦惱轉成懷抱希望的一天

若不了解煩惱的原因，苦惱會一直持續。能正確理解煩惱的原因，「煩惱」就可反過來變成「能夠解決的課題」——希望。

下面就來介紹一個將長期苦惱的人生改變成「希望」，令人印象深刻的故事。

這位婦人跟我見面時，年紀已接近八十歲。多年來與她一同居住的四十多歲長子，家暴情況越來越嚴重，最後更將婦人趕出家門。他從屋裡將門反鎖，誰都無法進入屋內，婦人於是在人生的晚期成為無家可歸的遊民。

幸運的她在政府的最低生活保障措施下，被安置到一間小公寓。我在一個炎夏的午後，來到她居住的公寓。婦人堅決地說：「今天如果得不到答案，我就在這裡上吊自殺。」

婦人緩緩敘述她的過去。從話中聽得出她對自己的母親多年累積的怨恨。七名兄弟姊妹中，不知為何只有自己不能上學，被迫照顧母親。結婚後雖然生了兩個小孩，母親仍命令她：「妳的工作就是照顧家裡。」小孩也被送到親戚家。因此婦人連自己孩子的幼年時代都不了解。有很長一段時間，小孩都對她說：「我不覺得妳是我的母親。」

她對母親最初的記憶是「六歲時住院的時候」。她日日從窗口向外望，等待母親來到。有一天母親終於出現在醫院前，卻過門而不入。母親為什麼不進來？——她說這就是對母親最初的回憶。

婦人的面容秀麗高雅，看不出內心有深刻的煩惱。但長時間與小孩分隔的距離，以及與家暴日趨嚴重的兒子相處，使她飽受艱辛。令她最為痛苦的，就是無法得知令自己陷入這種狀況的原因。

婦人雖然也成了母親，但隨著年齡增長，卻一直向著自己的母親。可以看出她內心深處充滿了對母親的各種回憶、寂寞感和不滿足，而且在生存過程中始終追求著母親的愛。

房間漸漸暗了下來。她問我：「這就是我的過去，我能夠克服嗎？」當然可以。她又問：「那麼我該怎麼做呢？」

「正確理解。」我這樣回答她。

正確理解，才是化解人生苦惱最強大的「智慧」。這一天，終於理解了婦人多年苦惱的原因。我告訴她，從今以後，好好體會過去的想法和今天一天得到的感想，並且相信將來，這樣就沒問題了。

婦人堅定地表示：

「我懂了。從現在起，我會正確地理解自己的內心，並將克服痛苦當成人生的課題。」

婦人把燈打開時，我發現她完全恢復了活力，眼神也不同了。因為她理解了自己的內心，完全脫離了痛苦，就好像人「變成了佛」的一瞬間。

第二天，婦人首先到老人院申請擔任志工。她並不是直接照顧老人，而是從旁協助。她打算實踐佛陀所教導的「慈悲」——希望人人都能獲得幸福的心。

接著，她又主動幫助一位高齡男性清理附近人行步道的草地。不久後，她和當地幼兒園的孩子們混熟了，還曾一起拔草。「現在是我人生中最幸福的時候。」她常在電話中高興地向我敘述。

如果人類有所謂的「重生」，我認為她就是**從「持續苦惱不已的人生」轉變成「充滿希望的人生」。**

「正確理解」的力量，使它成為可能。

人應該正確理解苦惱的真正原因。
必須切斷苦惱的原因，逐漸到達沒有苦惱的境地。
只要實踐這種方法。
我確信——不會再回到痛苦之中。

——佛陀最初說法，《律藏》〈犍度・大品〉

確實觀察內心狀態

先去理解，不要反應——這是解決煩惱的祕訣。特別是養成「觀察內心狀態」的習慣，可以抑制平時的壓力、憤怒、情緒低落、擔心等「無謂的反應」。

那什麼是觀察內心的狀態呢？這裡介紹三個方法：①用言語確認，②體會身體的感覺，③在腦海裡分類。這些方法對於抑制無謂的反應都有極大效果，請務必實踐。

① 用言語確認內心的狀態

這是用言語描述來確認內心狀態的方法。例如，在自己敬畏的人面前會緊張，就確認「我現在很緊張」。長時間觀看電視或玩網路遊戲後，客觀地確認自己「頭腦混亂，無法靜下心」「內心雜亂」。尤其是閉上眼睛確認，內心很快就能安定。

不論是工作中或與家人在一起時，不妨去體會「現在自己的內心是什麼狀態？」例如「感覺很疲倦」「沒什麼活力」「很焦慮」「無法好好思考」等，客觀地確認。「用言語確認」，在佛教的世界中稱為「貼標籤」。在內心狀態上貼上標籤，客觀地理解。

對於日常動作，也可以直接用言語來確認，例如在打掃時，「我現在正在打掃」；洗碗盤時，「我正在洗碗盤」；走路時，「我現在正在走路」；使用電腦工作時，「我正在打電腦」。

像這樣，養成用言語客觀地確認內心狀態或身體動作的習慣。實踐之後可以發現，用言語確認能「擺脫反應」。若不作無謂反應，內心即可恢復平靜。「用言語來確認」可說是心理健康的基礎，值得推薦。

② 體會身體的感覺

還有一個是名為「體會身體感覺」的方法。這對於清除內心累積的壓力和疲勞，有極佳的效果。

首先請閉上眼睛，注意自己的手。在黑暗中仍然感覺得到「手的感覺」。在注意手的同時，將手向上舉，「有動的感覺」。這時，意識到「有手」和「手在移動」。接著將手抬至肩膀的高度，再將手放回原來位置。整個過程中都閉著眼睛，意識著手的感覺。

接下來，手掌朝上放在腳上。然後握拳再張開，體會「手握住時產生什麼樣的感覺」「手張開時產生什麼樣的感覺」，並持續一段時間。

之後從椅子上站起來。一邊體會身體的感覺，一邊站起身來。走路時，同時體會腳移動的感覺，特別是腳底的感覺。

用心「體會身體的感覺」，就能了解「意識到感覺」和「充分覺察」的意義。

再以同樣的要領，一邊呼吸，一邊覺察「腹部膨脹和收縮」以及「空氣從鼻孔出入的感覺」。

持續練習，就能充分體會平時身體活動的感覺。

佛陀活著的時代以「sati」稱①用言語確認、②體會身體的感覺這兩個方法。禪的世界稱之為「念」，靜心的世界則稱之為「正念」。

好好觀察和意識到內心的狀態，無謂的反應就會停止，內心也能平靜沉穩，並能專注精神。

③在腦海裡分類

這是將內心狀態分成幾個種類來理解的方法。與「用語言確認」有些類似，但更粗略地由觀念上來理解是它的特徵。基本上，可分成三個種類，(1)貪欲、(2)憤怒、(3)妄想。

(1)貪欲——這是過度被欲求驅使的狀態。簡單地說，就是過度要求和過度期待。焦慮、對人際關係的不滿等，通常就是因為這種「過度追求的念頭」而來。

希望大家養成隨時注意對自己或他人「是否過度要求」的習慣。如果受貪欲所支配，不但自身痛苦，相關的人也跟著受累。

過度受貪欲驅使的人，會被原本不具力量的煩惱擊敗，而背負各種苦惱。就像自己打破小船，使水從破洞流入一般。

——《經集》〈欲望〉

(2)憤怒——這是感覺不滿和不悅的狀態。在感到焦慮、心情不好、有壓力時，就理解為「這是生氣的狀態」。

人類始於「追求心」的人生中，本來就隱隱帶著憤怒。「我也不知道為什麼，總覺得對某些事情不滿。」有這種想法的人應該不少。

每天這樣生活，絕不是幸福的事。因此最好理解為：「我感到憤怒，不過這種憤怒來自『追求心』，是沒有根據的憤怒。」以使心情平靜。

「明顯帶有怒氣的人」特別要注意。包括容易生氣的人、似乎失去了什麼而感覺「悲傷」的人（悲傷也是「怒」的一種）。還有對過去不捨、後悔、有挫折感的人，以及背負著自責、某種情結等心理負擔的人。

若將這種怒氣置之不理，可說「非常不值得」（會損及人生）。因為，怒氣是可以藉「理解」的心理習慣來化解的。

如果不將它化解，怒氣會慢慢累積，變成容易生氣、欲求不滿、難以取悅的性格，而且隨著年齡增長益發容易表露出來。

仔細觀察心理狀態，若感覺在生氣，就應理解為「有怒氣」。藉此將怒氣「洗刷流洩掉」，內心就可變得開朗而輕快。

集中心神、保持沉穩的人，可以防止行為、言語和想法因發怒而混亂，而且能充分保有內心的自由。

——《法句經》〈憤怒品〉

(3)妄想——這是想像、思考、回憶時，頭腦中呈現模糊或正在思考某些事情的狀態。「想東想西，結果想到不相干的事情上」「無法靜下心來做事」等煩惱的原因都是「妄想」。

巧妙歸零妄想的方法

來看看消解「妄想」的方法。

「妄想」是人類最擅長、最愛好，幾乎整天反覆進行的最大煩惱。若是快樂的妄想就罷了，但感覺被工作或家事「逼迫（必須做各種事情）」，或被「未來不知會如何」的不安所驅使，或是回想傷心的過去而情緒低落的心境，也都是來自妄想。最好的方法就是「清除無謂妄想」，重新整頓內心。

「清除妄想」的基礎，就是客觀地用言語來確認「現在正在妄想」。

這正是前面介紹過的「貼標籤」。佛教的靜心冥想書籍中也是這樣寫的。

不過實際實踐起來，卻相當困難。因為妄想是「在無意識狀態下陷入的狀態」，往往是在「後來」才會發現曾經陷入妄想。這是進行坐禪修行的僧人都有的感覺。

我要在本書進一步公開擺脫妄想的祕訣，也就是：區別「正在妄想的狀態」與「妄想以外的狀態」。

例如，現在請閉上眼睛，在黑暗中想像某些事情：今天早上吃的食物、電視上看到的影像等，任何事情都可以。

接著，猛然睜開眼睛，觀看前方。仔細注視房子裡面或外面的景色。然後意識到「啊，這就是能夠看見的狀態（視網膜感覺到光線的狀態，亦即視覺）」。

這時，剛才浮現腦海裡的影像已不存在。請清楚地意識**「剛才看到的東西都是妄想」「現在看到的是視覺（光線）」**。

如此來區分妄想和其他狀態，很重要。亦即「妄想」相對於「視覺」；「妄想」相對於「身體的感覺」。

然後將注意力轉向與妄想完全不同的「身體的感覺」。意識呼吸時「空氣從鼻孔進出的感覺」或「腹部膨脹、收縮的感覺」。

這樣一邊意識「妄想」與「身體感覺」的差異，一邊不斷練習「將注意力集中在身體感覺上」，就能巧妙地擺脫妄想。

養成邊走路邊清理內心的習慣

只要存有「意識到身體感覺」的想法，不論是運動、瑜伽、爬山、做體操，凡是使用身體的活動都可以運用。

建議大家多利用往返於住家和職場間的「途中」和「捷運上」。

走路時，「右、左、右、左」在腦子裡邊用語言確認動作邊體會腳底的感覺。站在捷運車廂內，「吸、吐、吸、吐」，一面用語言確認動作，同時體會空氣從鼻孔進出和腹部膨脹、收縮的感覺。

現今「邊走路邊滑手機」已形成一大問題。老實說那不過是「隨便反應」而已，可說是強化了內心不自覺的癖好傾向，「不自覺地反應」「不自覺地妄想」。單是這麼「隨便反應」，難道不是徒增恍惚感或空虛感嗎？

如果你不想再增加煩惱，而希望重視充實感，就必須養成「意識身體感覺」的習慣，以減少肆意的反應和妄想。

煩惱都是產生於「心之內」。因此要擺脫煩惱，最好的方法就是將注意力轉向位於「心之外」的身體感覺。

持續練習幾個月，你將會發現，頭腦變得清楚而敏銳，內心也變得輕鬆、愉快。

三大煩惱——其實是超便利的工具？

前面所介紹的佛陀教誨，總而言之，就是「反應之前先理解」。

○煩惱的原因就是「心的反應」。

○「心的反應」的背景是「追求心」或「七個欲望」（特別是認同欲）。

○要充分理解內心的狀態——①用言語來確認，②意識到身體感覺，③分成貪欲、憤怒、妄想三類。

透過這樣的理解，就能消除製造出痛苦的無謂反應。

人為什麼總是陷入煩惱中不可自拔，原因就是「看不見自己的內心」。

假設你現在心裡「煩悶」，如果你不知道「看清內心狀態」的方法，那麼被煙霧籠罩的不明狀態就會一直持續下去。

因此不妨學習佛陀，觀察一下是「貪欲」「憤怒」「妄想」其中哪一個存在心裡，看看是否「欲望蠢蠢欲動」「感覺憤怒」「正在妄想」（通常三者俱在）。光是這麼做，迷濛煩悶就可稍微雲開霧散。你所實踐的，就是佛教「淨化內心的修行」。

「貪欲」「憤怒」「妄想」在傳統上稱為貪、瞋、痴「三毒」，被視為「人類的三大煩惱」。現在傳播的佛教主張「戒除」這些煩惱，但是在佛陀生存的當時，這些煩惱卻是「**理解心理狀態的工具**」。

「佛陀」一詞意味著「能夠非常正確理解的人」，也稱為「覺醒的人」或「高僧」。即使對佛教沒有興趣的人，這也是非常重要的一點，因此向大家傳達——「正確理解」並非「認為自己是正確的」，也不是「以自己的看法或思考方式來理解」。

相反的，是意味著排除一切「自己所認為」的判斷、解釋或對事情的看法，「存在的東西就是存在」，以直接、客觀、沒有任何主觀的「中立」角度來觀察事物。

「正確理解」，是沒有「反應」的，僅止於純粹觀察。沒有猶豫，不思考任何事情，單純仔細注視。「正確理解」所呈現的是，以這種徹底清理後的心，來理解自己、對方和世界。

「正確理解」，才是超越痛苦的道路——你懂了嗎？

徹底正確理解的佛陀所到達的境地，也稱為「解脫」。「解脫」（巴利語稱為

vimutti，英語稱為 emancipation），也意味著「自由」「解放」。

佛教＝佛陀的教義，可以說就是「透過正確理解，使人類擺脫苦惱，恢復自由的方法」。

這不是宗教，而是我所說的「佛陀的合理思考法」。

透過「正確理解」，人類可恢復自由的心。希望大家務必實踐，消解不滿，使人生恢復理想的生存方式。

> 人因「追求心」而見苦惱。
> 故而你應站在正確的道路（方法）上，放下「追求心」。
> 不再回返囿於「追求心」的痛苦人生。
>
> ——《經集》〈彼岸道品〉

第2章

不作多餘的判斷，也不要否定自己

你常作「無謂的判斷」嗎？

人類煩惱的原因之一，就是「過度判斷的心」。

所謂「判斷」，就是對於工作是否有意義、人生是否有生存的價值等，比較他人與自己，並「判定」或「認定」誰優誰劣。

「怎麼說都是自己比較差」的自虐是一種判斷，「失敗了」「最壞的狀況」「運氣不好」等失望或灰心也是判斷。「為什麼做不好？」的不安和退縮，或是「討厭那個人、不喜歡跟他打交道」等對人的批評，也是一種判斷。

這樣的判斷會產生不滿、憂鬱、擔心等許多煩惱。

如果不去作無謂的判斷，內心一定開朗而輕鬆，人生也能順利度過。以下就來探討這個問題。

停止判斷好與壞、喜歡跟討厭

現在回過頭來想想，「判斷」是如何束縛人心的。

有一種人很愛算命，經常請人判斷自己運勢的好壞，聽到某些傳言即跟著起鬨，「那個人似乎真的是這樣。」跟某個人分開後，就評價那個人是好人還是壞人、喜歡還是討厭。

另一種人則是認為「自己永遠是對的」，不理會他人的意見，一味強調自己的主張。不僅如此，別人提出意見時就加以反駁。你的周遭應該有這樣的人吧？

「判斷」會影響自己的性格。「非這樣不可」的想法，會製造出「潔癖」「完美主義」「過度努力」的性格。反之也可能認為「自己是無用的人」，成為自我否定的標籤。

還有人擅自對自己作出結論，例如，「反正一定失敗」「我沒有那樣的能力」等，這些全是「判斷」。

由此可看出，「判斷」是如何左右著我們的生活。人類的內心，毫無例外地都有過度判斷的傾向。

覺悟者絕不會被他人所說的見解、意見、知識束縛。他們不判斷善惡。不會被判斷汙染了心靈。也不會製造汙染心靈的原因。佛陀只述說正確之道（方法）。而且不會受到「我」的自我意識所束縛。

——《經集》〈義品．淨八偈經〉

不懂裝懂，讓你開心嗎？

為什麼人類對於自己、他人，甚至從人生目的到生存意義的許許多多事情都想要

「判斷」呢？

其中一個原因是，**判斷本身就令人感到「愉快」**。

單是優或劣、正確或錯誤的判斷，就令人有「了解」的感覺。作出結論，更讓人能夠安心（或許是出自野生時代「發現這裡有食物」「這一帶敵人很多」等狀況的判斷本能）。

還有一個原因大概是「判斷可使人覺得受到肯定」。例如跟某人吵架後，通常會回想：「他這裡不對」「因為他那樣做，結果才變成這樣」。與朋友通電話說明事情原委時，也希望朋友為自己背書：「豈有此理，你明明沒有錯啊！」就為了求得「滿足認同欲的判斷」，以證明「自己才是對的」。

這種判斷心理，含有「覺得被別人理解」的愉快和「覺得自己是對的」（滿足「認同欲」）的快樂。

因此大家都熱衷於判斷。

「判斷」有時是劇毒

判斷如果只是使心情愉快，還沒有什麼問題。但如果過於執著這種想法，卻可能使自己或他人痛苦。

有一位母親為了這樣的事情來找我。

「我女兒不肯念書，不知道怎麼辦。要怎樣才能讓她念書？」

原來她為了讓女兒進入「非常難考的○○大學」，把女兒送到一所以斯巴達教育聞名的初高中直升學校就讀。晚上學生都得在教室自習，畢業旅行的目的地也依學生成績來決定。母親表示：「希望女兒擁有美好的人生。」但其實真正的原因似乎是她個人出於自卑壓抑而積累的妒恨，「自己大學考試失敗，因此想藉由女兒的人生來彌補」。

這位母親在女兒眼中相當奇妙，一點點小事就會對女兒大發雷霆：「妳呀，根本不可能考得上。」但突然又開始啜泣，並喝起酒來。女兒完全不了解為什麼自己的人

格被否定到如此程度，而且為什麼母親要這樣逼迫自己念書。不久之後，女兒開始思考為什麼要待在這個家裡，為了什麼而活，情緒漸漸變得不穩定。

到了初中二年級，一個秋天的夜裡，女兒在浴室割腕自殺。

女兒幸運保住性命。但是這次事件後，母親對女兒的尖銳態度和逼迫念書的程度並沒有緩和。這位母親就是在此事件之後來問我：「怎麼樣才能讓女兒念書？」她女兒後來雖然沒有再發生自殘行為，但是高中沒念完就休學，最後也沒有考上大學。

這是個很令人痛心的例子，不過這種情形並不罕見，可能有不少人在小時候也有過類似的經驗吧。而且當了父母的人，或許與上述例子中的母親同樣要求子女也未可知。

問題是要如何面對這樣的現實。

心要像潺潺流動的小河

佛教對人類遭遇的痛苦和煩惱，只如實看待。

對於上面例子中的母親，也不會立即判斷她是「錯誤」的。而是去了解這位母親的內心有什麼原因，以及思考怎樣才能消除她的痛苦？

這位母親的例子，「自己沒有考上〇〇大學」的記憶（挫折感、失落感），成為「苦」（憤怒）的原因。「沒有考上〇〇大學」是「事實」，這位母親卻將它「判斷」為「因為沒有考上，所以自己沒有價值」。她可說是「判斷」的犧牲者。

她的判斷使自己產生「憤怒」。不論憂鬱或遷怒，原因都在「判斷」。「想進〇〇大學」的願望，以及「沒有考上」的判斷，成為「執著」，導致自己和女兒都受苦。

人因為三種執著而痛苦：①想得到追求之物的執著（但是沒有如願），②希望能永久持有獲得之物的執著（不久之後必定失去），③希望使自己痛苦之事物消失的執著（但無法如願消失）。

那麼，這些痛苦消失，是什麼樣的狀態呢？那並非痛苦的現實消失，而是造成痛苦的原因——「執著」，完全停止的狀態。

——佛陀在鹿野苑向五比丘開示，《經藏》《相應部》

人感覺痛苦時，內心必然存在著「執著」。本來內心應像潺潺流動的小河般，不會帶有痛苦，但因為執著而造成水流停滯，便產生了痛苦。

受苦的不論是自己或別人，只要有人痛苦，就表示某個地方出現錯誤。「我不能再這樣下去！」請睜開眼睛醒悟，參照佛陀的教誨來思考吧。

「過去沒有實現的願望」，產生痛苦。

「失敗了」（怎麼可能會這樣?!）的判斷，產生痛苦。

「對方非這樣不可」的期待或要求，產生痛苦。

必須放下這些「執著」——否則自己或他人都會持續受苦。

不要誤認「不存在的東西存在」

「判斷」——決定、確信、單方面的期待與要求——就是一種「執著」。用通俗的話來說，就是一種「心病」。

這種判斷在頭腦中原本並不存在，一定是透過父母、老師、友人，以及社會上大量的資訊，學習到「非這樣不可」的判斷方法。

確實，工作、生活、未來的選擇等都需要判斷。有時甚至可藉「斷定」來打造更好的前景。

但是，不論是什麼樣的判斷，如果過度「執著」的話，就會產生痛苦。這是因為現實總是「無常」（不斷變化）的。

如果過去的願望沒有實現是個事實，那麼這個願望已成為不存在的「妄想」。但因為還在「執著」，因此感覺現在仍然看得見。事實上它已經不存在了。

「非這樣不可」，這種對自己的人生或對別人的期待，也不過是一種「判斷」而已。**它只存在於腦子裡**，因此是「妄想」。

執著於僅是妄想的「判斷」，還使自己或別人痛苦——這才是真實的狀態。

「該讓自己多些自由了！」你也這樣想吧？

認為本來「沒有」的東西「還存在」，這種心理，佛教稱為「顛倒」，也就是「錯覺」。

會讓某個人痛苦的「非這樣不可」的判斷和期待，就是一種「錯覺」。

最好避免這種「錯覺」。以當下的現實為中心，努力去理解，從根本上建立能讓大家都幸福的生活，才是正確的方法。

放下痛苦的方法

若仿效佛陀的作法，放下「判斷」其實非常簡單。

前面曾敘述：「判斷只存在於腦子裡，因此是妄想。」

或許有人會覺得驚訝，但這是真實的。

「什麼？原來判斷不過是妄想呀！」就是要這樣覺悟。就好像古人懼怕老虎剪影，其實只是剪影罷了。

「正確理解」能夠除去心裡的陰影。

「不過，要放下妄想好難。」

「不論怎麼做都放不下，好苦惱。」

或許有人這樣想。這種心情我很了解。

正因為如此，我們要學習佛陀所教導的思考法，以及洗滌心靈的方法。「這樣下去太痛苦了！我好想活得自在點！」出於這樣的心願，展開新的生活方式。

痛苦雖在，但是有消除痛苦的方法。在原始佛教中，這樣的方法稱作「道」。

「拋開會產生痛苦的判斷」，下定決心，實踐原始佛教的方法，合乎「道」的生存方法，不是灑脫多了？

人類與其持續痛苦，更應將脫離痛苦、恢復自由，視為人生目標。

過去和判斷全都放下，就能離苦得樂。

你應該也曾經有過不被判斷困擾的日子。那麼就再一次走向當時那種「自由之心」吧！

得道者如持火炬進入暗室，光明能消除人生的黑暗。所謂得道，乃指得到智慧之光——亦即正確的理解和思考方法。

——《四十二章經》

財產和容貌並非不變之寶。追求之物常不可得。
唯有道能完全展現內心。實踐此法，內心就不會受到任何危害。

——佛陀對名妓菴婆婆梨的鼓勵，《大般涅槃經》

要小心名為傲慢的心病

使人痛苦的「判斷」，還包括認為自己「了不起」「正確」「優秀」等過於肯定的想法，佛教稱這種心理為「慢」（自高自大）。

「慢」說的是，人有時會覺得自己受到肯定而高興，但是自傲、傲慢、驕傲、優越感等想法，最後卻可能因不滿、自負而使人遭受損害。

最好是「對自己、對他人，都不要下判斷」，因為這樣就可以將心放在其他的喜悅和滿足上，自己就會變得坦率而愉快。

「自己如何」「那個人如何」，這種想法是「刺在自己內心上的箭」，他人卻無所察覺。正確看待者，就不會存有反覆帶來痛苦的執著（自我意識）。

——《自說經》

只要想「對你是否有幫助」就好

「慢」，就是「執著於自我價值」之心。事實上，傲慢、驕傲、虛榮心、自卑感，以及沒信心等想法，都屬於「慢」。

每個人內心的某一處，都認為「自己所想的是對的」。

但是，這個判斷是正確還是錯誤，到底該如何來「判斷」呢？

佛陀曾說過：

我在對他人有益時才說話。

真實且能帶給對方利益的話，有時即使是對方不喜歡的話，還是會在該說的時候說，因為這是對對方的憐憫（慈悲）。

——與無畏王子的對話，《經藏》《中部》

也就是說，**「真實而有益（有幫助）」——這是佛陀的基準。**「真實」的事在世上未必行得通，但是「有益」（有幫助），不論在任何地方都是重要的判斷基準。

以工作為例，「獲得利益」「便於工作的環境」「業務順利進行」之類的判斷通常都是正確的。關鍵即在於「是否有幫助」。

那麼，我們平時的判斷又如何呢？對自己、他人、人生，工作的正確、錯誤，好的、壞的判斷，是「真實」還是「有益」的？

首先，腦子裡展開的判斷，如果只是判斷，那就是「單純的妄想」而已，稱不上「真實」。對現實若沒有幫助，也並非有益。

這說明人類思考的許多判斷，實際上並非真實，也沒有益處。而是所謂的「打發時間」而已。那麼為什麼會作出這樣的判斷呢？如前面曾說過的，因為「判斷本身令人愉快」，而且「能夠滿足認同欲」。

這兩點正是「慢」的原因。

如果你的周遭有傲慢的人，請理解他的心理。他們是為了追求判斷帶來的快樂以及被認同，也請體會他們因內心渴望而造成的痛苦。

想著「我是對的」就錯了

判斷「我是對的」，對自己而言看起來似乎是正確的，但根據佛陀的理解，這未必正確。

反而在判斷「我是對的」的那一刻，這個判斷已經是「錯誤」的了。這也是佛陀所教導我們的有趣真理。

原始佛典中有一個故事——

某都市之王將盲人召集至宮殿，讓他們摸大象。有人摸象的鼻子，有人摸象的腳，有人摸象的尾巴，讓盲人只觸摸大象的某一部分，然後命令他們說明象的模樣。

於是，有人回答「像犁的長柄」，有人回答「像石柱」，有人回答「像掃把」。摸到其他部位的盲人也各自說明他們的感覺，結果大家都認為別人說的不對，而大打出手。大王看到此景象不禁大笑。

——佛陀在舍衛城說法，《無問自說經》

這個故事感覺上含有對視障者的差別觀，我個人並不喜歡（古老的世界觀認為殘疾是「前世的業」所造成的）。

不過我認為這個故事說到了一個本質。

也就是，人類皆只會看到某一部分——每個人站立的位置所看到的東西原本就完全不同——卻以為了解了全部，而深信「自己是對的」。

人與人之間，見解必定不同。

有時會認為「這件事不管怎麼想，我都是對的」。

但是，「不管怎麼想」的「想」，只要是用自己的頭腦思考，就只會出現自己的想法。自己思考，只會出現自己的想法，乃是理所當然的事。但不能因為如此，就認為這個想法是對的。因為，思考的前提——立場、經驗、頭腦，都不同。

佛陀所教導的是，不論什麼樣的判斷，都不過是個人腦子裡浮現的念頭——以三毒而言，稱為「妄想」。但如果執著於「我是對的」，這時就會產生「慢」。

佛教追求的「正確理解」，在此成了反論式的**「勿判斷自己是對的」的認知**，甚至認為「真實而有益」更為重要。

我認為這種思考非常了不起。因為這樣不會累積壓力，能互相理解，也就有可能建立起互相貢獻的關係。

正確理解的人，不會存有「我是對的」這樣的想法（慢）。因此不會被帶入產生痛苦的「執著窠臼」中。

——《經集》〈與某婆羅門的對話〉

從不自覺下判斷中解脫

理解「不要判斷」為一種生活的智慧之後，現在就開始進入「實踐」階段。以下介紹三個擺脫無謂判斷、得到自由的方法。

①「啊，我作了判斷。」——發現判斷的語言

第一個是單純的「發現判斷」。腦子裡閃過「今天運氣真差」「可能失敗了」「我討厭那個人」「自己是無能的人」等想法時，請警覺：「啊，我作了判斷。」

喜歡或討厭某個人、某個人是好人或壞人等，當發現自己在「評定」他人時，也請警覺：「啊，我作了判斷。」朋友或家人之間一定經常批評他人，這時最好互相加一句警覺的話：「不過，這只是判斷而已。」

或許有人會問：「判斷某個人是好人也不行嗎？」這不能一概而論，因為當狀況改變時，肯定的判斷也經常會變成否定的判斷。

我們原本就沒有「資格」判斷一個人是好、是壞。我猜想佛陀大概只會冷靜地說，「那是沒有必要的判斷」吧。

人沒有調整好自己的內心，卻判斷這個、判斷那個，只會失掉自己的心。眼睛東瞄西看，到底有什麼用處？

抑制住執著於自我的意識，不要追隨對他人的評價，只要看清自己的內心就好。

——長老古瑪子與共修者的談話，《長老偈經》

②思考「自己是自己」

判斷像是「內心的習慣」。社會上喜歡比較、評價、作各種詮釋的人不在少數。傳言就如同「判斷」的大集合一般。

認為「大家都在判斷，我不判斷的話……」，結果自己也成為「喜歡判斷」的人。但是我們已經理解到，這種無謂的判斷，正是產生痛苦的原因。

如果真正希望不要再添煩惱，那麼唯有停止「判斷」。別人或許還會繼續判斷不休，但自己不想增加煩惱的話，就應下決心停止。

佛陀曾向名為純陀的供養者說過以下這段話。關於如何才能捨棄「錯誤的想法」這個問題，他這樣回答。

純陀啊，你要這樣思考，自己來戒除。
或許有人胡言亂語，但你自己要努力避免說同樣的話。
或許有人執著於自己的想法，但你要注意避免執著於自己的想法。
或許有人不願放棄錯誤的理解或思考，但你要努力學習正確的理解或思考。
或許有人愛好美麗與榮耀，但你應努力擺脫外表的美麗與榮耀，恢復自由。
或許有人喜歡展現自己好的一面，但你應該努力維持自己的原貌來生存。
——對純陀的開釋，《經藏》《中部・善星經》

佛陀思想的重點是，「世間或許有這種人，但我就是這樣做」，在別人與自己之間，明顯地畫一條線來區隔。

「別人是別人，我是我」，兩者之間有一條明確的界線。

這種想法是非常重要的。世間確實有喜歡判斷的人，但自己沒有必要做同樣的事。

自己的內心，自己來選擇和決定——始終自由而獨立的思考，正是佛陀的思考法。

③ 立誓「成為坦率的人」

還有一件很重要的事，就是要**「坦率」**。因為這樣最能使自己輕鬆愉快。

認為自己了不起、自己才對的「慢」的心理若太執著，就會在自己和周遭的人之間形成一道「牆壁」，與他人很難相互理解。而且別人說了什麼，就會以為自己遭否定而氣憤或失望，使苦惱不斷累積。

這種苦惱不是周遭的問題。原因出在認為「我是對的」這種想法。

對於執著於「慢」的人而言，放棄「我是對的」，簡直就是否定自我的自殺行為，因此他們很難成為「坦率」的人。

這時，如果運用佛教的教誨，它會教你**「觀察動向」**。

「觀察動向」，在佛教中是被稱為「正確思考」的教義之一，也就是觀察自己從現在起的方向，是選擇繼續認為自己是對的，還是不要執著於此，以成為坦率的人為目標。

老實說，認為「我是對的」的想法，不過是很小的自我滿足而已。這種想法能使誰幸福呢？

你不覺得「坦率的自己」比「『我才對』的自己」有魅力嗎？我認為，這樣更能傾聽別人說話，更能理解事情，更能敞開心胸對話。這樣的自己，不是更幸福嗎？人變得坦率，就會讓每個人都幸福。不但不會受到欺負，別人更會帶著敬意與我們接觸，自己就能變得無比輕鬆愉快。

「我患了名為『慢』的心病。」誠實承認是最好的方法。佛教的修行中有所謂「懺悔」和「齋戒」的時間，就是在心中為自己的錯誤、傲慢、誤解表示歉意。

不需要公開向周遭宣示，只要「在自己心中立誓」即可。

因此不妨想想**「我也來做個坦率的人」**。單是這樣應該就能感覺到心已打開。

任何時候都不否定自己

不論工作上、人際關係上，或是整個人生中，必定會有感覺「失敗了」的時候。重要的是，這時不要退縮，也就是絕對不要否定自己。

但是「判斷」的心理反應是一大障礙，人常會立即自責：「這樣會降低別人對我的評價。」「我不適合。」「我真是沒用的人。」

有些人會產生壓抑感或挫折感，甚至鑽牛角尖：「我沒有生存的價值。」在當今社會中，確實有很多人為否定自己而苦惱。

接下來就向佛教學習，戰勝「自我否定的判斷」，建立強大的內心。

會生出怒氣的人，是自己

先來了解一下「自我否定的判斷」會帶來哪些煩惱。

否定自己，會因認同欲無法滿足而產生「怒氣」。怒氣對本人而言，是一種「不悅」的反應，要消除這種狀態，就會選擇①「攻擊」或②「逃避」。兩者是生物天生就具備的本能反應。

選擇「攻擊」時，常會以情緒激昂、怒吼、騷擾等行動消除怒氣。或是責備自己、厭惡自己、認為自己無能、不想活等，進行「自我攻擊」。

選擇「逃避」時，則以無視、逃離、放棄、休息、躲避、睡眠、變得憂鬱、依賴刺激快感等形態呈現。

出現這樣的反應時，自己和周遭的人都會思考：「得想想辦法才行。」

但必須注意的是，「想辦法（矯正）」的判斷，也是否定本人的一種判斷。換言

之，也會產生出「怒氣」。這種怒氣又會產生「攻擊」或「逃避」的「反應」，結果陷入惡性循環中。

佛教的方針是不論在任何狀況下，「都不要製造出怒氣」。也就是說，**不論任何狀況，「不作判斷」（不否定自己）是很重要的。**

練習：恢復自由的心

那麼，要如何才能在任何時候都不否定自己（別人）呢？

人類沒有受過「不作判斷」的訓練，因此雖然了解「不可否定」「誠實接受」的道理，但腦子裡還是判斷「終究得想個辦法才行」。

「沒臉見人」「出現不利自己的傳言怎麼辦？」有些人會出現這種無謂的妄想或判斷。他們是透過言語、表情或一點點的眼神，感覺到這種否定的判斷。

這種「否定」不論是對自己或是別人，都有一件必須實踐的事情，就是練習「停止否定性的判斷」。相關的所有人都應該當成本身的課題來實踐。

關於整個判斷，可以使用前面所介紹，從「啊，我作了判斷。」開始的三個方法來練習。

這裡僅以否定自己、「不自覺地評判自己（或他人）」的人為對象，介紹練習方法。

三個方法是：①到戶外一步一步地走路，②環視遼闊的世界，③向自己說：「我肯定我自己。」這些也是我自己在人生最痛苦的時期所實踐的方法。

①到戶外一步一步地走路

第一個方法是立即走到戶外去散步。一小時也好，兩小時也好，走到能走到的地方。

這時，請體會肉體所能得到的「感覺」。佛教教導我們身體有五個部位「能產生感覺」——眼、耳、鼻、口、肌膚。每一個部位都比往常更集中注意力去感受。

例如，早上、白天、晚上依不同的時間，天空的顏色、街上的光線、樹木的綠和河水的顏色都不同。打開眼睛，使用所有視覺，仔細觀察現在這個瞬間的世界能看見什麼。

從鼻子吸入的空氣，氣味和濃度也會依季節和每天的時間而不同。寒冷、溫暖、潮濕還是乾燥？外界的空氣與自己「封閉的心」，是完全不同的狀態。請一邊呼吸，一邊使用嗅覺，去感受這種新鮮感。

再移動雙腳，並注意每一步的感覺，去體會大地傳至鞋底的觸感，而且能走多遠就盡量走。

現在確實存在的就是「身體的感覺」。前一刻還占領整個頭腦的「苦惱」，這一瞬間已經消失。現在是「另一個自我」「另一個人生」。**你正「活」在與過去完全不同的新人生中。**

深夜走在路上，你會看到便利商店等二十四小時營業的店家。請想像一下在這些店家工作的人的生活，相信可以看到各種不同的人生。人都是孤獨的，但是如果能想到別人的孤獨，這時就已不再孤獨。

平時，當負面的判斷湧上心頭時，如果想著這是「game over」，那麼前面迎接我們的將是自我否定的陰暗妄想。在黑暗中沒有希望，即使思考也找不到答案。因此最好果斷地將意識轉向「身體感覺」的世界，轉向內心其他的領域來思考。並走出室外。

日本天台宗有所謂「千日回峰行」的修行，以七年時間，每天行走三十至八十公里的距離來修行。

「擺脫自我否定的散步」也是一種修行。若認為修行的說法過於沉重，改稱「練習」「實踐」「生活」「精神準備」也無妨。

至於要走多長的時間，並沒有一定的答案。但只要行走就好，因此並不是困難的事。不論要花幾個月、幾年，持續散步，直到否定自我的判斷消失為止。

在人生中，沒有比擺脫使自己痛苦的判斷更重要的事。

所以應下定決心，走到內心恢復自由為止。

② 環視遼闊的世界

環視外面的世界，可以看到各式各樣的人生活著。其實，會「否定」你的人，並不如你自己想像的那樣多。

請看看外出購物的親子、站在十字路口的警察、在商店裡勤奮工作的店員。你走在路上看到的人，都過著各自的生活。試著問問路，會驚訝地發現大家都非常親切地回答你。

社會上有非常多善良的人、有良知的人和親切的人。

連否定他人的想法都沒有，每天努力過日子的人占了絕大多數。

請在下午過後、傍晚或星光閃耀的夜裡都好，張開眼睛，抬頭仰望天空。那裡有著遼闊的世界。或許你至今為止只盯著「自我否定的判斷」那一個點看也說不定。而這個「判斷」是從那裡來的呢？可能來自父母、友人的一句話，或世間流傳的資訊與價值觀。也可能是自己本身微小的「念頭」或是「誤解」。如果對這些過於執著的話，那麼原本很小的一點就會被放大，而且變成理所當然的事。這「一點」甚至成為了「人生的全部」。

但如果退出執著一步，去注意反應在這一點上的內心，環視外在的世界，那麼這「否定的判斷」已不存在。

所以請試著看看新的世界，你將可看見新的人生。

③ 我肯定我自己。

不否定自己的另一個方法，就是只對自己說「肯定的話」。試著告訴自己：「我肯定我自己。」

這裡所謂的「肯定」，與社會上一般所說的「正向思考」「積極思考」不同。

經常可以聽到要多對自己說「我能夠做到」「一天比一天更進步」之類正面的話。

我想這些話都有「暗示」的效果。但是積極的語言如果與「現實」相距太遠的話，心裡會覺得是「謊言」，而失去它的效果。結果說歸說，「在現實上把它拋在腦後」的情形經常可見。

佛教是以「正確理解」為根本，因此與現實不一致的語言（某種意義上屬於妄想）並不可信。

「如果能變成那樣該有多好！」人有時會思考「方向性」，但這畢竟是未來的事。若單是這樣想，也屬於妄想的領域。

問題在於，如何停止此刻正否定著自我的判斷。最有效的方法就是停止判斷，採用單純的一句話。

那就是：「我肯定我自己。」

實際這樣做，相信可以感覺到「判斷」停止了。

今後，想要說「反正……」「畢竟……」「我恐怕……」時，請強烈地重複這句話，把無謂的判斷趕出腦海。請持續念著這句話。

我肯定我自己——。

停止判斷之後，人生即可順利展開

想一想，人類真的很喜歡判斷。而且有渴望被認同的欲望。因此，在面對不如意的現實時，「否定自己」或許是一種自然反應。

但是根據佛教的理解，「否定自己」的判斷，並沒有合理性。因為，①這種判斷會產生痛苦，②這種判斷不過是妄想而已。佛陀認為，既不真實也沒有益處的判斷，完全沒必要。

或許有人認為：「有時還是需要逼迫、鞭策自己吧？」

不過，佛教中有「看準方向」「集中注意力於眼前」「行動而不妄想」等別的鼓勵方法。與其否定自己，以怒氣為能量，不如一直努力。

不論處於什麼樣的狀態下，最好拋棄否定自我的判斷。只思考現在「這個瞬間」該做什麼、能做什麼。

在我過去修行的禪寺，某個早上，有一名年輕的修行僧睡過頭，早課遲到了。他本人非常懊惱：「我沒有資格當僧人……」但是廟裡的和尚大聲斥責：「笨蛋，不要想過去，只要看現在！」

這個和尚的理解，才是正確的理解。

「牽扯過去（以過去為理由否定現在）」，本身就是內心的煩惱、邪念、雜念。

人生一定會有過錯和失敗。重要的是，這時「如何應對」。

不要失落。不要退縮。不要責備自己。不要回想過去。不要悲觀。

更應該注視眼前，正確理解，專心於「現在開始能做的事情」。

當然，對別人造成困擾時，應該要正確理解事態，誠實向對方道歉。同時重新修正。

拋棄過去的汙點，不要製造新的錯誤。
智慧已開的人，思想已經自由，也不會責備自己。

對心的內裡和外在世界，都清楚理解。
不過不能依此來檢測自己的價值。
因為這種想法（判斷）並不能帶來快樂。

不要判斷「自己優秀」「不如他人」「不分軒輊」。
即使聽到各種聲音，也不要判斷自己的價值。

只有各種煩惱（評價、計算、判斷）都消滅的境地，才是快樂的。
這樣的人已經勝利了，不會再輸給他人。

——《經集》〈關於論爭〉〈快速的成就〉

培養真正的自信

「如果我更有自信，人生一定更加順利」，有這種想法的人應該不少。不過依照佛陀的思考法，有自信或沒自信，也不過是「判斷」而已。

「判斷」是一種妄想，因此很快就會消失。例如面對嚴酷的「現實」時，常變得膽怯、緊張、喪失自信。

在佛教中，「自信」這個「判斷」要排到後面去，在此之前有更應該做的事。做好該做的事，達成超過「有自信的人」的成果，才是佛陀的思考法。

需要自信這件事，完全不合理

所謂「需要更多的自信」，依照佛陀的理論，這是完全「不合理」的想法。「自信」是「自己能夠做到」或「一定能獲得成果」的「判斷」，但是能不能做到或能不能獲得成果，必須到那個時候才能知道。也就是說，這是無法預先判斷的事。

而且，即使曾經成功，由於狀況隨時改變，並不能保證下一次也能成功。因為過去的成功而說「得到了自信」，這種自信未必能適用於未來的狀況。

這意味著，預先「擁有自信」在現實上是不可能的。

實際上，不論在企業界或體育界，達到一定成就的人之中，幾乎沒有人會說「自己有信心」。就算有，最後也會被認為是「危險（錯覺）的說法」。

不需要考慮自信。未來的事情無法預知，反倒是眼前有必須先做的事情，這才是正確的思考方式。我想這不必抬出佛教，應是很多人共有的實際情況。

什麼是現在能做的事？

那麼為何需要「自信」的人這麼多呢？原因還是「被妄想拘束」。

第一個妄想，是認為「自己能夠做到」的「慢」。世上確實有很多毫無根據，卻表現得很驕傲或是「高高在上」的人。

他們看起來似乎「自信滿滿」，其實是因為他們被「自己很了不起」的「慢」所拘束，或是他們希望「被認為是了不起的人」。但是這些人的自信，其實是沒根據的妄想。

換言之，他們對未來抱著自己或許不行、或許會失敗、或許無法順利進行等不安（妄想）。為了打消這種妄想，而「想要擁有自信」。

因為這種心境而浮現的「自信」，其實是用來掩蓋不安現實的妄想。

也就是說，不論是「有自信的人」或是「沒自信的人」，結果都是被「對自己有利的妄想」所拘束。

若是已經學習到佛教思考方法的人，相信這時立即會想到「妄想不可信賴」。出現「信心滿滿的心情」時，他們應可注意到「啊，妄想湧現了」「啊，我作了判斷」，然後重新整理心情，並思考「現在可以做（應該做）的是什麼事？」——這才是佛陀的「合理的思考法」。

但是渴望自信的人，卻想要在最初的妄想之上，再「加上」新的妄想。亦即最初就很有自信，認為（妄想）「自己能幹、了不起」的人，還妄想著「能夠更能幹」。

反過來說，認為「自己不能幹」的人，則是在他的想法（妄想）之上，增加「與過去不同的（能幹的）自己」的新妄想，以「克服」最初的妄想。

總而言之，兩者都是從一個妄想，再製造出一個新妄想的狀態，這完全是「思考的錯誤」。

擺脫「現在非努力不可」的想法

佛教並沒有提到「誤以為自己能幹的人」——沒有根據的自信者。或許這些人要在某個地方跌倒，開始思考「啊，原來是錯覺」時，才會有所幫助。

佛教要思考的是，猶豫「自己沒有自信」抑或是「自己能力還不夠」，因而感覺「需要自信」的人的思考方式。

其實，最初判斷「自己沒有自信」或「能力還不夠」，本身就是一種錯覺。假設過去不斷失敗，即使覺得「自己一事無成」，也沒有必要認為「自己需要自信」。因為另外還有應該思考的事（後面將會說明）。

「沒有自信」或「能力還不夠」都是無謂的判斷和錯覺。如果不注意這一點，有些人會延遲重要的判斷，「因為沒有自信，所以暫時先看看狀況」；或過度強迫自己，「需要培養信心，因此必須更加努力」；或是不斷鞭策自己，「為了培養信心，接下來要爭取某個資格」。

但是不論如何「延遲」，都不能使自己獲得信心。不論如何「勉強」自己，或即使「達成了下一個目標」，大概也無法培養出信心。

這是因為思考之初（出發點）就是「自己能力還不夠」「自己沒有能力」的「負面妄想」。如果不擺脫最初的這種想法，相信也無法產生「自己能夠做到」的想法，而且會一直受「需要自信」的念頭所驅使。

我相信感覺「自己能力還不夠」的人相當多。

但是，這種「能力還不夠」的想法正是沒有必要的判斷和妄想。事實上，對這種想法不要反應，只做「現在該做」和「現在能做」的事情，才是重要的。

不要再認為「自己能力還不夠」，也不要再思考「我需要自信」。

要肯定自己，並思考自己現在能夠做到的事情。

只要先累積經驗就好

只有到了**能夠預測「這樣做可以得到成果」**的時候，才能說擁有了「自信」。當然這是要不斷累積行動、經驗和時間之後才可能實現。

有人說，不論在任何領域，要能夠預測成果，估計需要十年時間。以工作為例，二十多歲時先學習技術和累積人脈，三十多歲後再被賦予具有責任的職位。活躍於體育界或娛樂界的人，由他們的經歷來看，也大多是從小就接受嚴格的訓練，經過十年左右才嶄露頭角。可知任何領域都需要「時間的累積」。

現在，不需要任何判斷。只要「試著做做看」，然後「持續累積經驗」就好。

以下就歸納一下獲得自信的方法。

① 試著做做看

② 累積經驗

③實現某個程度的成果

④獲得周遭的肯定

⑤能夠預測「這樣做就會達到某個程度的成果」

有些人可能會說①「試著做做看」很困難。

這時候，請思考：「這會不會是妄想呢？」是不是出現了「或許會失敗」「或許會給別人造成困擾」「我的能力還不夠」這些懷疑？如果有的話，那就是「妄想」。

這時也不要對這些妄想作反應，正確理解「妄想不過是妄想而已」，下定決心站在「就先做做看再說吧！」的起跑線上。

下定決心「做做看」後，工作和人生都會變得輕鬆。

如果不知道該做什麼，就問：「我該做什麼？」

不知道怎麼做，就問：「怎麼做？」

若有人指導，就說：「謝謝。」

若給他人造成困擾，就誠實地說：「對不起。」

然後，才下決心「努力」。

這種態度或許可說是佛教**「不執著」於能或不能的精神。我認為不論從事任何工作、在任何領域，這才是「可使用的思考方法」。**

試著做做看，能力一點一點地提高，累積經驗後，某一天突然回想時，就會恍然大悟：「啊，原來我經歷了這樣的過程。」這時也才能預測能夠達成某種程度的成果。

這個時候感覺到的，才是「真正的自信」。

第3章

別被不滿或壓力等負面情感所苦

不升高情緒，也不壓抑情感

在日常生活中，很難避免與「情感」相關的煩惱。職場也好，家庭也好，不論走到哪裡，人經常為「情感」煩惱，並使得壓力累積，結果因為憤怒而無法集中精神。有人工作失敗而情緒低落；有人失去重要的東西而傷心；有人對未來不知如何是好而感到不安……種種內心的動搖，都是「情感」的表露。

「如果能妥善控制情感該有多好！」相信這是每個人的希望。

「情感」也是心理的「反應」。接下來就來學習可避免因為情感而受害的智慧。

首先，整理人的煩惱

佛教將「情感方面的煩惱」大略分成兩種。

①防禦不愉快的情感產生，一湧現情感，就立刻清除。

②思量該怎麼與對方相處。

①是「情感」的問題，②則是「關係」的問題。這非常重要，有必要分開來思考。

事實上，絕大部分的人都把這兩個問題混淆了。當「生氣」（憤怒的情感湧現）時，立即出現針對對方的「反應」——滿腦子想的都是「那個人說了這種話」「他做了這種事」。之後互相以憤怒的情感和「我是對的」「他應該……才對」的判斷來對抗，結果陷入永無止境的煩惱。

經常聽到有人說：「人際關係是煩惱的原因。」但如果依據佛陀的思想，這種說法是不正確的。因為，「因情感而煩惱」與「應該如何跟對方相處」是兩件不同的事。

「情感」是自己這方的問題，不妨與「如何跟對方相處」分開來思考。首先來學學佛陀解決「情感」的方法。

不作反應是最大的勝利

防止「無謂的情感」，最重要的是一開始即站在「不要反應」的前提上。「不反應達人」佛陀有這樣一段故事。

佛陀是一位「覺醒人」，在古印度聲望不斷攀高，當時連擁有數百名弟子的著名婆羅門（祭司）之中，也有人成為佛陀的弟子。不論古今，種姓制度在印度都具有絕對的地位。佛陀的身分其實是比婆羅門低的「剎帝利」階級（古印度種姓制度中的軍人貴族）。最高階級的婆羅門成為佛陀的弟子，在當時是相當重大的事件。

有一次，一位德高望重的婆羅門，聽說一名與他同姓氏的婆羅門成為佛陀的弟子，怒氣沖沖來到佛陀所在的地方，在眾多弟子和來訪者面前，以極盡誹謗中傷的話羞辱佛陀，場面非常緊張。

但是佛陀平靜地回答：

「婆羅門啊，你在家中設宴，如果客人沒吃，那麼這些食物屬於誰的呢？」

婆羅門被佛陀質問，不得不回答：「當然是我的。」

「那你怎麼處理這些食物呢？」

「我自己吃啊。」婆羅門回答。

於是佛陀這樣說：

> 如果向責罵的人回以責罵，向發怒的人回以憤怒，向爭執的人回以爭執，等於是接受對方的食物，吃了同樣的東西。
> 我不接受你給我的東西。你說的話屬於你自己。請拿回去吧。
> ——與責罵佛陀的婆羅門對峙，《經藏》《相應部》

這裡所說的「食物」，正是婆羅門怒罵佛陀的言詞。如果佛陀對婆羅門的話作出反應而回罵，等於自己也作了相同的反應——吃了食物。因此佛陀絕不「接受」，也就是「不作反應」。

佛陀被普通人一定會發怒的言詞怒罵，以「不反應」來對付。因為他清楚知道**要以「無痛無苦之心」為人生目的**，「作出反應使內心混亂是毫無意義的」。因此他貫徹不論任何時候絕不反應，只觀察和理解對方的立場。

從佛陀這種「合理」的態度，可以學習到：**「不反應才是最大的勝利」。**

佛教中所謂的「勝利」，並不是擊敗對手，而是「不要向對手反應而丟失自己的心」。

推讓給對方，是不受人際困擾的根本

從這個故事，我們還可以學習到一點，就是**「將對方的反應推讓給對方」**的思考方法。

上述這位婆羅門的心裡，應該抱著本身地位較高的傲慢、對享有盛名的佛陀的嫉妒，以及希望擊敗佛陀的敵意。

對於婆羅門的行為，普通人大概會頂撞回去：「太沒禮貌了！」「你說的不對！」「你想怎麼樣？」人與人之間的口角，幾乎都是「慢」與「慢」的衝突。每一方都有（自己本身認為）「對」的道理。希望藉著這個理由來確認自己的正確性——這就是爭論時的心理。

但是佛陀的想法不同。首先，他理解每個人對「對」的認知不同。所謂「對」的判斷，對每個人而言都是正確無誤的，因此他並不否定對方的說法，也不會去「說服」對方：「我是對的，你懂了嗎？」只是單純去理解：「原來對你而言，那是對的啊。」

或許有人認為：「雖然這樣說，但有時還是得釐清對錯。」這是後面會說明的「與他人相處之道」的問題。這裡先思考如何建立「不反應」的心理。

每個人的「頭腦」都不一樣。當然思考方式也不相同。人類內心的某個角落都想著「別人的想法應該和自己相同（有同樣的想法）」，但這種期待或念頭，只是一種「妄想」而已。

而且，「慢」（希望自己獲得認同的欲望）在「我是對的」的想法中，發揮了很大的作用。因此碰到不同的意見時，就會感覺自己被否定，並以憤怒來反應（所以說，越沒有自信的人越容易發怒）。

這種精神現象，就是被稱為妄想與慢的「不合理的念頭」拘束的狀態。請嘗試將

「妄想」和「慢」消除，以建立「正確的理解」，這種理解就是「別人的反應與自己的反應，是完全不同的東西。」

將別人的反應與自己的反應分開來思考。把對方的反應推讓給對方——這是不受人際關係困擾的根本。

這樣做，就能將煩惱減半

把對方的反應推讓給對方，煩惱就能減半。接著再盡力練習「不反應」，或許就不會再因為情感而煩惱。

不過即使如此，「禁不住作出反應」的人還是不少。結果不知不覺怒氣上升，而反嗆回去。難道沒有「不反應」的祕訣嗎？

在此建議一個方法，就是**「將心的一半放在前面，另外一半放在後面」**。

首先，請將心分成「前後兩半」。再閉上眼睛，想像眼前有：①朝前方注視的心，以及②朝內側（心的內部和後方）注視的心。

朝前方（朝外）的心只用來「觀看著對方」，而不作反應。僅僅站在「理解」的立場，純粹觀看對方，只需問能否理解對方的話。如果能夠理解，就說：「了解。」如果不明白，就說：「現在不了解。」以這樣來理解。

「我完全不了解那個人說的話！」或許有人這樣想。不過，若說的同樣是國語，彼此應該能夠聽得懂。假設有人不了解，那麼有可能是他自己「拒絕理解」。也或許是「自己是對的」的想法、「希望別人這樣做」的期待或要求、「他以前也說過同樣的事情」這類對過去的妄想，使頭腦混亂，而無法平靜觀看對方。

「我不想了解！」相信也有這樣的人（例如父母與小孩、關係不好的上司與部屬等）。不過對於這樣的人，更應以冷靜的「不反應」為前提，試試站在「我懂你的意思。」「你打算怎麼樣（你有什麼要求）？」的客觀立場。

這時，位於後半側（朝內）的心，則「觀察自己的反應」。是否感到憤怒？有沒有回想起過去？是否感到緊張，或對對方產生懷疑和妄想？

有這些反應是很平常的。總之，對於內心的態度和想法，「心的後半是用來觀察自己內心的」。

禪的世界有稱為「不動心」的內心狀態，這是必須努力觀察、看守著自己的內心才能達成的。人的心本來就是會持續運作到最後一刻——死亡，或到達修行的終點「涅槃」。心的運作是理所當然的。好好看守持續作用著的心、時時留意，阻止多餘的反應，這才是「不動心」的狀態。

但是後半部的心如果出現些微的疏忽，衝著對方的反應就會一股腦地發洩出去。接著，憤怒、緊張、懼怕、恐怖、懷疑、回憶、妄想、悲傷等煩惱一波波接踵而至。屆時，整個人將捲入哭泣、怨恨、「過分！」「開什麼玩笑！」「不甘心！」等熟悉的「反應風暴」中。

因此，一開始就應盡可能不要反應，以防產生不愉快的情感。只要多注意，漸漸就能培養出「不動心」——「不反應的心」。

為何流氓也流下男兒淚？

這是發生在某天我在東京的一個公園幫忙布施飯食給遊民時的事。

那天上午，一位志工神情緊張地跑過來。「有個男的在鬧事！」我急忙走向會場。

超過兩百名遊民圍著觀看，有一名男子喝了酒在發飆。他穿著上下整套的黑色運動服，右手袖子上印著「仁、義、禮、智、信」的紅字，一頭曬黑的小平頭上剃了圖案，任何人一看就知道是個流氓。

男子快速走向桌上已經煮好的大鍋咖哩，大喊著：「我要把它打翻！」

我擋在男子面前。男子瞪著眼睛大吼。

「喂，和尚，想跟我打架嗎？」

「只是想跟你說說話。」我笑著回答。

「你們施飯，根本就是偽善！」

「或許是偽善。」

「你們到底能做什麼？」

「或許什麼都做不到。」

我完全不否定對方，只是努力去理解他。不久後來了五名警察。一定是工作人員報了警。

「誰叫的警察？」男子更加生氣，又跟警察吵了起來。

警察訊問了一陣子，畢竟他還鬥不過警察。最後警察扣住他的手臂，要將他帶往警察局。

我一直站在旁邊聽他們對話。警察準備動身時，男子盯著我看，並對我說：

「我的母親……現在關在監獄裡。」

眼淚從他細細的眼睛流出來。

「是嗎。你去看過她嗎？」

「沒有。」他顫抖著說。「寫過信嗎？」我再問他。

「我，我不太會寫字。」他提高聲音，並開始抽泣。

「我知道了，我來幫你寫。今天從警局回來後，我們一起寫。」

「要幫我寫？」他用很溫和的聲音問我。「可是我不知道要寫什麼。」又哭泣起來。

「寫謝謝她把你生下來。我們一起來寫，我等你。」

男子乖乖跟著警察走了。

當天晚上我們順利地再次見面。他告訴我，他國中都沒畢業，所以不太會寫字。母親和父親生活都很辛苦，他已將近二十年沒跟父母見面了。他替黑道組織做些零星的工作，每天領的錢都用來喝酒排解寂寞，過著不規律的生活。我們聊了很多，直到深夜。從那天起，他和我就成了朋友。

那天早上，如果我抱著憤怒或敵意的情感，對他作出「反應」的話，情況會如何變化就不得而知了。當然也看不到他流淚的情景了。

他現在還常跟我連絡。能夠維持這種關係，我想還是因為當時我採取佛陀所教導的「不反應，先理解」的態度。

人生的過程中，難免會遇到一些棘手、麻煩的人物。如果作出與對方同樣的反應，就會變成互以相同反應來交鋒。這時問題不是不能輸給對手或固執己見，而是**因為「作出反應」，就確定你已「失去了自己的心」。**

遇到「忍不住要反應」的時候，最好深呼吸，抱著覺悟的心理，盡力做到「只去理解對方」不作反應。同時，用「心的後半側」來觀察自己內在的反應。

或許這不是能夠簡單做到的。但為了不失去自己的心，以及或許能與對方互相理解的可能性，還是有必要的。

心的一半用來理解對方，另一半則用來注意自己內在的反應——希望你能把這句話當成與人相處的原則。

如何與棘手的人相處？

注意情感上「不作反應」之後，再來談「如何因應他人」。

所謂「因應」，在佛教上是指「以什麼樣的心來面對他人」。佛陀思想的特色，就是經常自問抱著什麼樣的心態和思考方式。

「確立了面對他人的心」，在人際關係上才能避免煩惱。

不去判斷他人的事

首先整理一下「因應他人」的原理和原則。

①不「判斷」他人的事
②「忘記」過去
③將對方當成「新的人」
④以「互相理解」為目的
⑤觀察「相處的目的」

「不判斷他人的事」也就是實踐前面已學過的「不作判斷」。

湧起負面情感時，常會任意評判他人。「真是討厭的人」「完全是自私自利的人」，或是「煩死了」「毫無動力」「老是幹同樣的事」「再這樣就要絕交（離婚）」等，作出各種結論。

這些判斷或許有一些道理。但實際上，世上確實存在著任何人看了都覺得「愚蠢」的人。

但是這樣的判斷，你不覺得有些危險嗎？

因為，判斷通常與自己的認同欲，也就是「慢」有關。指出別人的「缺點」，或大聲嘆氣：「唉，真傷腦筋！」藉這些行為來確認「我是對的」，掛記著自己比對方優越。

如果依循「佛教式」生存方法，凝視「心的內側」，盡可能保持清澈的心，那麼，**「不作判斷比較好的話，就不要判斷」**。**身為人最重要的就是「內心不要累積苦惱」**。因為不論任何幸福感，都會因為苦惱（或苦惱的「反應」）而消失。

對別人的判斷會延長苦惱，還是避免的好。老是想起別人的事，持續判斷個不停，例如：「他這一點不好」「那種性格一定會受苦」，對自己都是負面的。

雖然偶爾也會覺得對別人過意不去，「與對方相互理解的可能性」卻也隨之降低。人與人相互理解的可能性永遠存在，但如果不斷評判別人、定罪、論斷的話，難免會抹殺這種可能性。

判斷有各種負面影響，而且越是親近、重要的人，越應避免不必要的判斷。

我不會主張「我才是對的」。
理解「對見解的執著就只是執著」，
理解「他人陷入的過錯就只是過錯」，而不會受到束縛。
我凝視自己的內心狀態，並保持內心的平安和透澈。

——《經集》〈給某婆羅門的回答〉

忘記過去，不對記憶作反應

還有一點很重要，就是不要老提起過去，而應忘記過去。人總是對過去發生的事念念不忘，而且愛與他人分享記憶。但是這種回憶卻常誘發「又來了」的反應，以及新的憤怒。

那個人責罵我、否定我、擊敗我、剝奪我——持續這樣想的人，怨恨不會停止（因為人會對記憶反應而持續憤怒）。

——《法句經》〈雙對品〉

「不忘記過去」在佛教上是指「對記憶作反應」的狀態。這非常重要，請務必理解。

例如，假設與別人發生爭執。最初「憤怒」的對象或許是「對方」。但離開現場後，腦子還記著對方，結果變得心情不佳、衝動、焦躁，這時的原因不再是「對方」，而是自己內在的「記憶」。

回想起過去，對「記憶」作出反應，因而產生新的憤怒——這是怒氣遲遲不消的真正原因。這時的憤怒其實「與對方無關」。

如果實踐佛教的作法，成為「不反應達人」的話，即使紛爭不斷，只要上個廁所，或是將視線轉向對手反方向的牆壁，或許憤怒很快就能消失。看起來似乎有點誇張，其實並不誇張。至少在離開現場後就能與「過去」切割，心情恢復開朗。

如果不愉快的記憶復甦，請觀察一下「自己對記憶的反應」。離開對方後憤怒依然持續的話，最好冷靜地理解「這只是記憶」「是自己在反應（與對方無關）」，以冷卻情緒。

對方永遠是「初次見面的人」

「記憶就是記憶。即使回想起來也不要反應。」──或許這是從佛教學習到的最高智慧。

還有一種面對他人時的智慧，就是將對方當作「第一次見到的人」。

佛教認為人和心都是「無常」的，也就是「不斷變化」的。

舉個容易了解的例子。現在請試著閉上眼睛，持續思考「一件事」，進行中的工作或是將來的計畫都可以。

將碼表設定「五分鐘」，在這段時間內只思考這一件事。

碼表時間到的聲音響起時，請確認剛才「思考了什麼事」。幾乎所有的人這時想的都會與計時開始時不同。

心理學上有一個說法，或許大家會感到驚訝：人的心裡每天會想到「七萬個」東西，亦即「大約每一點二秒就有一個念頭」，可知心就像眼睛般不停在轉動，這就是「心是無常」的一個例子。

內心無常，人當然也無常。

我們認為不論自己或他人，都是「與昨天相同的人」。昨天遇到的人，即使今天再遇到，也是相同的人。這個人或許身材、名字、工作、住的地方都沒變，但事實上已成了「另一個人」。因為，他的「心已經改變了」。

為什麼心改變了，還認為他是「同一個人」呢？因為我們有過去的記憶，而且有「那個人就是這樣的人」「我就是這種人」的「判斷」。因此，彼此都認為對方是「沒有改變的原來那個人」。

這種想法好像是維繫關係的默契，但事實上彼此已是「不同心理狀態，不同的人」。

自己的內心一直在改變，別人也是一樣。因此**人類以不斷改變的心，總是互相面對新的對方**。

基於這種理解，他人隨時都在變成「新的人」。那個人「過去做過什麼事、說過什麼話」，都是自己的「執著」。事實上，你是在「面對完全嶄新的人」。

因此兩個人之間或可約定：「下次見面時，互相將對方當成新的人來面對。」

與對方一起來理解

還有一件很重要的事，就是以「與對方相互理解」為最終目標。

前面已學習到，與人交往時「不作反應」的重要。但這並不代表不關心別人，或是「忍耐」。

常看到有人因為別人而受苦，卻一味「忍耐」。「不能給別人造成困擾」「不想破壞彼此的關係」「不願破壞職場的氣氛」，為了這些原因而體諒對方，一直忍耐。

不過所謂「忍耐」，正確地說並非忍耐對方，而是「壓抑本身的憤怒」的狀態。由於怒氣已經湧現，如果持續忍耐，將會導致壓力累積，變得越來越苦，甚至陷入憂鬱。

這時最好努力「用『心的前半側』來理解對方，用『心的後半側』來觀察自己的反應」，盡量克服想要反應的心理。

另一點很重要的是，必須以「相互理解——亦即共同分享理解」為前提。也就是讓對方了解自己本身的情感、想法和思考方式。沒有比這個更重要的了。「我這樣感覺」「我這樣想」，將這些傳達給對方，讓對方了解。並以此為目的。

如果對方不想理解或不想聆聽，或許代表對方沒有交往的意願。因為不論在任何狀況下，應該都不存在必須由單方面忍耐痛苦的關係。

但只要經過溝通後能有使對方理解的可能性，就應該以「讓對方理解」為目的。努力傳達，努力說明。

如果希望對方「不要做某件事」，就直接表達：「請不要這樣做。」這是自己能做的事，對方是否接受，那是對方的事。就從旁觀察吧。

重要的是理解——「讓對方理解，以及相互理解」。

相互理解是需要時間的，不必著急。「總有一天能相互理解（理解我）的」，最好抱著這種樂觀、信賴的態度來面對（信賴是「自己的選擇」，與對方無關）。

在雙方能相互理解的時候，自己對對方的情感將會更新。屆時雙方的關係也會改變。

佛教所思考的人生方向

最後再說明一件希望大家記住的事。

佛教經常思考「人生的方向性」。例如，自己未來要走向何種人生、與他人如何相處等。

與他人相互了解是一種方向性，讓他人理解自己的心情也是方向性。

相互讓對方受苦、相互憎恨則是「不可當成方向性」的事。這種關係不能成為人生的目的。

但人與人之間卻經常反覆製造相互受苦的關係。並非要確認交往的目的，而只是執著於自己的期待、企圖、狀況、要求、對過去的想法，始終思考著「我是對的，對方是錯的」。

這裡應該回到佛陀的理解，他曾說過：「執著正是產生痛苦的原因。」不只是言語上的理解，而且要實際體會「相互讓對方受苦」的事實。請如以下所說的一般，重新思考。

不是為了讓彼此受苦而往來。
是為了相互理解、為了彼此都能幸福而往來。

大原則——只在乎內心樂的反應就好

在情感方面，還有一個重要的原則，就是重視「快」（快樂、愉悅、暢快）。每個人都希望「幸福」，那麼「幸福」是什麼呢？根據佛陀「觀察內心狀態」的想法，幸或不幸是以「快」或「不快」的內心狀態來定義。

快——感覺喜悅或快樂的內心狀態就是「幸福」。

不快——感覺憤怒、恐懼、不滿、不安等的內心狀態則是「不幸」。

這是佛教特有的理解嗎？其實不是。原始生物中，據說有些生物會依攝取食餌時的「快」和遭遇危險時的「不快」，呈現不同的顏色。高等生物則會分泌不同的荷爾蒙。換句話說，所有生物都生存於「快」與「不快」的反應世界裡。

人類也一樣，嬰兒舒服時會笑，不舒服就會哭，人生也是從「快」或「不快」的反應開始的。

佛教用「樂」來表達「快」，用「苦」來表達「不快」。因此也有所謂「不苦不樂」一詞，就是指「快與不快兩者皆非的狀態」。

不過，「快與不快兩者皆非的狀態」對人類而言，立即會變成「不快」。因為受欲望驅使的人類，「快與不快兩者皆非的狀態」代表「無趣」，也就變成了「不快」。

總之，人類的內心狀態是「二者擇一」，我們的人生就是在「快或不快」兩者之間擺動、前進。

因此，我們的生活有一個規則。

若要幸福，就重視「快的反應」。

不希望不幸福，就盡可能「不要有不快的反應」。

啊，追求欲望也沒問題嗎?!

那麼，「只在乎快的反應」具體上要如何做呢？

生物在欲望得到滿足時會感覺到「快」。因此，**坦率地不否定欲望，並努力滿足欲望，是通往幸福的捷徑。**

例如，享受美食，舒適的睡眠，與家人快樂生活，重視興趣和娛樂等五感的快樂，積極展現「美味」「快樂」「舒服」等反應。

看到這裡，有人會說：「我以為佛教是鼓勵禁欲的嚴格宗教。」

佛教進行「使心靈清靜的修行」，追求最高的安寧，包括「快」和「不快」，盡可能減少內心的反應，以達到「涅槃」的境地，確實有它嚴格的一面。

朝向這個境界雖然是一個方向，卻不是所有人共同的目標。限定一個目標，讓所有人都朝向它前進的想法確實是「宗教」。但**我們共同追求的是消除每一個人的痛苦，以達到各自幸福的目標。**依此方向來思考就足夠了。佛陀的原始思想，就是這種開放的目的。

活用欲望

若考慮「只要能讓自己快樂，重視欲望又何妨」，那麼依不同的「活用方式」來追求認同欲（希望自己被肯定）應該也無妨。

例如，「工作上希望獲得好的評價」「希望被他人感謝」「希望得到誇獎」等期望，能刺激工作欲望的話，**至少對當事人**而言，否定這些欲望的原因並不存在。

因此，如果你心裡有想做或想要挑戰的事情，請重視這些欲望。或者動機即使為「希望賺錢」「希望地位比別人高」「希望獲得勝利」等「煩惱」，若目標能使你得到內心的「快」，也請勇敢去做。

不過有一個條件。這只限於欲望的滿足能帶來幸福，而且本人能夠感受到內心的「快」時才行。如果欲望過度膨脹，可能反而導致「焦慮」「不安」，或是「得不到結果」「即使努力也無法受到肯定」的不滿，這種欲望就必須放手。「若感覺到苦（不快），就應另起爐灶」，也是佛陀的思考方法。

人的一生可以區分為「受欲望驅使而感覺不快的姿態」和「重視快的姿態」。**將欲望轉變成生存的動力，並感覺到「快」的生存方式，才是合理的。**將觸角伸向沒有必要的欲望，結果失敗而帶來「不快」的生存方式則是不合理的。

每個人都希望活得幸福。不妨仔細觀察「現在感覺快還是不快」，若覺得「不快」，就應仿效佛陀，謹記清除無謂的反應。

增加內心的樂，減少苦

內心的反應，依內心的「關注程度」而異，有時強有時弱。如果你特別珍視每天的「快」，快樂時坦率地表現：「好高興！」心情好時率直地表現：「好開心！」如此就能更清晰、鮮明地感受「快」的感覺。

幸福也可以隨著內心關注程度的提高而增加。

我自己身為修行僧，每天對內心的「感受」保持關注——實踐禪、冥想、專注，時時意識著全身、腳底、腹部的膨脹與收縮等身體每個部位的感覺。這樣的話絕不會感到無趣，內心也能一直保持新鮮。

增加內心的「快」，減少「不快」。

然後去營造快樂的人生吧。

第4章

別在意他人的眼光，還自己自由

不要隨他人的評價起舞

「不知道那個人怎麼想？」每個人都會在意別人的想法。

不過，太在意他人的眼光是件很辛苦的事。

因為這樣無時無刻都得戰戰兢兢、提心吊膽。過度在意他人的看法，會感覺緊張和壓力，導致在重要的關頭失敗。因他人一句無心的話就受到傷害，與他人視線交會時也疑神疑鬼：「是不是在嘲笑我？」

因此最好不要在意他人的視線，保持自己一貫的態度。

「極致的自由人」佛陀，有如下的思考。

在意他人眼光的真正原因

為什麼會在意他人的眼神呢？

從相反的角度來想像「在他人面前能夠從容自然」的狀況，就可以了解了。例如，「這個人是否對我有好感？」「人們是否對我的評價很高？」如果這樣想就能夠安心了。

所以，在意他人眼光的心理，真正原因還是「認同欲」。

假設某個人在五名兄弟姊妹中排行第二（不上不下？），往往較少得到父母的關愛，或許因為這個緣故，他希望受到注目的欲望非常強烈，而且重視時尚，並積極利用社交建立人脈，成為眾人公認的「社交家」。但是據說他內心始終感覺不安，「不知道別人對我的看法如何？」追究原因，還是認同欲作祟。

人有認同欲是理所當然的。問題是「為什麼會在意他人的眼光？」原因不外乎①有「希望被肯定」（執著於自己的價值）的欲望→②對此欲望「作反應」，妄想「不知他人對自己的看法如何」。由此來思考，原因就很容易了解了。換句話說，「認同欲製造出來的妄想」才是「介意別人眼光」的真正原因。

「在職場中受到什麼樣的評價？」「是否不受人歡迎？」「會不會因為這次事件而失去信用？」這些不安都是對本身價值的執著所產生的妄想。

妄想過度就會變成「深信不疑」，懷疑自己不受歡迎、遭人在背後嘲笑、被人說了壞話。甚至有人表示：「不知為什麼，就是非常害怕別人的眼神。」「周遭的人看起來都帶有敵意。」

這真的是很棘手的狀況。因為從當事人的角度看起來真的是這樣，可說是相當困擾的煩惱。

要擺脫這樣的煩惱，祕訣是：不論任何想法，都清楚自覺「這只不過是妄想而已」。

不要接納頭腦的胡思亂想

針對妄想的因應方法，有幾件事要先了解。

第一是「妄想沒有界限」。即使是最不好的妄想，也常輕易浮現在腦子裡。例如不知羞恥、殘酷、不可能向別人說的妄想等，頭腦都可能輕易製造出來。這與「夢」的世界是相同的。

頭腦會將所見所聞的全部資訊輸入，成為「反應的記憶」。見到的、聽到的，甚至連本人沒有注意到的事情，頭腦都會「反應」，儲存在記憶中（在修行時進入很深的禪定——超高度集中狀態時，有時可以看到）。

而且，各種記憶也可能交相混合而製造出「沒見過的妄想」。這些時候的憤怒、憂鬱、猜疑等精神狀態會起作用，將原本沒有什麼大不了的事情「作出負面解釋」。

我以前在佛教講座中聽到過以下例子，有人「小時候迷路」的經驗變成「雙親車禍死亡」的夢，也有人在「被母親斥責的夜裡」夢見「被母親用菜刀殺死」。

這是令人哭笑不得的故事，做夢和妄想就經常出現這種胡亂的結果。

現今的時代，透過網路和媒體，可以接收到大量刺激著煩惱的各種影像或資訊。這些被輸進內心的「反應的記憶」，會以自己也無法預期的形貌在腦子裡復甦。

不過，這些全都是「妄想」。最好一開始就了解它們不值得認真接受。

「妄想不過是妄想，不論腦子裡浮現什麼都不要反應」，這種覺悟很重要。

把不打算確認的事拋諸腦後

還有一件要知道的事情，**「妄想不須確認」**。

人產生妄想或做夢時，常會思考：「這是否有重大意義？」「是什麼原因造成的？」

不能否定確實有某種意義。不過重要的是，「這些妄想無須確認」。若勉強去確

認或相信，只會踏入妄想的領域，結果離「正確理解」越來越遠。

要追求妄想，還是正確理解？這兩種「思考方式」要採取哪一種？佛陀是採取後者。

附帶說明，以宗教為首的精神世界，與佛教——所謂Buddhism的「覺醒人的思考方法」，最大的差異，就在於「是否要探討妄想的意義」。

「處理心靈」的眾多領域，常主張「不需要確認」的內容為真理。宗教、咒術、占卜，以及統稱為「佛教」的思想中都有這種主張。

但是「佛陀的思考法」——或可說是過去佛陀本身的立場——起先並沒有討論「不需要確認的事」。

他自己曾明確敘述原因。

世界是永恆的嗎？還是有終止的一天？是有限的，還是無限的？靈魂是否存在？是否有死後的世界？我不會主張這些事情是「確實」的。因為這不符合內心清淨、安寧的目的，而且對於解決欲望帶來之痛苦的修行並沒有幫助。

我只主張符合這些目的以及有幫助的事是確實的。生存必定伴有痛苦，痛苦必有其原因，痛苦是可以消除的，消除痛苦的方法就是四聖諦。

——對弟子摩羅迦子的教誨，《經藏》《中部》

佛陀始終貫徹的這種合乎理性的態度，正是現代應該重視的。不論任何痛苦，都不要追究「前世」或「死後的世界」等「不需要確認的事」。這些事情在「解決痛苦上沒有必要」，正是原始佛教（佛陀的思考法）的主張。

不需要確認的事情要追究到什麼程度，完全是各人的自由。

不過，**重要的是必須清楚設定自己的人生「目的」**。

佛教的目的是理解人類所遭遇的現實苦惱的「真正原因」，將人類從痛苦中解放出來，以恢復自由。

方法包括禪和靜心等「理解和淨化內心的方法」，以及幾個以「慈愛」為首的思考核心（佛教的本質）。

實踐這些方法，解決現實中的痛苦——還需要更高的目的嗎？

沒有必要「探究妄想」。與其這樣還不如努力理解自己的心，學習合理的思考方式和理解方法。

請務必相信。你的痛苦產生於「此生」當中，必定能夠在此生之中解決。

對在意他人眼光的人而言，「停止妄想」是最優先的課題，因為「老是妄想」正是「在意他人眼光」的煩惱的元凶。

「妄想不過是妄想而已。」

「妄想沒有界限，也沒有根據。」

最好站在「我不再進一步探究妄想」的立場。

沒問題的，內心恢復自由的瞬間很快就會到來。

與令人煩悶的人保持距離

「沒辦法不去在意他人眼光」的心理，有時是受「特定人士」的影響。其實所謂「他人的視線」，有時只是「某一個人的視線」而已。

了解這一點後，多年來的煩惱可能一下子消失。

為什麼總是焦慮不安？

某位女性有這樣的煩惱：「與人往來實在很煩。朋友打電話來問我『最近好嗎？』聽到這樣問，真想叫他們別管我！」

這名女性在母親的過度干涉之下長大，從小時候起，跟什麼人往來、學習什麼才

藝，從衣服的顏色和髮型，到書本的排列順序和作業的先後，所有的事情都要干涉。

她十幾歲時曾向母親說，想表達自己的想法。但母親聽到女兒有意見，就歇斯底里、大發雷霆，使女兒只得噤聲。她一直忍耐，直到大學畢業後才終於離開了母親。

這名女性在工作上非常能幹，但是心裡始終焦慮不安，總感覺周遭的人監視著自己的每一項工作。她表面露出笑容，但內心卻捲入「啊，好憂鬱！」「大家都是累贅！」「所有人都給我消失！」的旋渦中。只有到假日時才感覺到解放，整天蒙在被窩裡睡覺。這時如果母親或朋友打電話來，又會使她脾氣爆發。

這名女性的壓力並非工作或人際關係所造成。而是心裡始終揮之不去的「母親的陰影」——也就是受母親干涉的記憶，以及憤怒的情感。

如何不行生出憤怒？

佛教中有「心理反應會連鎖發生」的說法。傳統上稱為「緣起論」，但為了理解內心的結構，更「本質」性的呈現如下：

在無明（不理解）的狀態下，內心會反應。受到刺激時，內心反應就會衍生行（身行、口行、意行），而引生情感、欲望、妄想。執著於行的想法，則變成一種心理狀態。這種心理狀態又製造出新的反應。反應的結果即產生出各種煩惱。

——菩提樹下的緣起論觀，《自說經》

也就是說，①接觸，②反應之後，③產生情感、欲望、妄想、記憶等「強烈反應的能量」。這種強烈的反應就稱為「行」（巴利語為 saṅkhāra，英語則譯成「心的形成」，mental formation）。這是「殘留在記憶中」「展現在表情或行動中」的強烈反應。

接著，這些「行」衍生的反應，再對新的刺激作反應，又再次④製造出同種反應。不斷循環。

例如，在外面碰到不愉快的事所行生的憤怒，回到家中因為一點小事就發洩到家人身上。或過去曾經歷痛苦的挫折，受到當時行生的憤怒影響，一旦受到刺激就會點燃怒火，大發雷霆。或是在學校遭到霸凌，當時行生的記憶久久不忘，結果現在站在眾人面前就會緊張（反應）——原因都是行生的心帶來的反應。

前面提到的那位受到「母親過度干涉」的女性，在記憶強烈影響下，累積了大量的憤怒。因此而行生的記憶與憤怒，在日常生活中受到刺激，就會製造出「啊，好憂鬱！」「大家都是累贅！」「所有人都給我消失！」的想法。

這種行生的反應，就像接觸新的刺激而爆發的「地雷」。就是因為經常出現的「易怒」「神經質」「容易情緒低落」「社交恐懼症」等個性的深處，存在著「行生的反應」的緣故。

因此，留意這種反應的存在是非常重要的。一般可藉諮詢或藥物使心情平靜，但是如果原因是「行生的反應」，或許單是這樣還無法解決。

不如理解內心成為這種狀態的原因和過程，並將注意力轉向反應背後的其他反應，例如自覺：「噢，原來是過去的憤怒殘留到現在。」

有了這種自覺，慢慢就會不再受到過去反應影響。

一舉消除多年煩惱的方法

這名女性對母親所行生出的憤怒和記憶，是煩惱的真正原因。對於此狀況，可以開出三張處方箋。

第一是**「仔細注意，不要反應」**。如果想起受母親干涉的記憶，口中清楚的念出：「這不過是記憶。不過是幻想。」

「不過是記憶、記憶、記憶」，不斷地在口頭重複念誦（「貼標籤」）自己注意到的，並努力擺脫反應。

對於行生出來而殘留的憤怒，「充分理解憤怒仍殘留在心中」。有人會產生罪惡感，「思考這樣的事情真對不起父母親」，也有人會自責「自己不應該」，其實都沒有必要。「單是理解『我憤怒』」就已足夠。

要注意「啊，還有憤怒殘留，舊的憤怒仍在發揮作用」。將它切割為「內心的習慣」或「心病」，每次出現時就特別注意。

「注意」是進一步「放手」的開端。內心的習性今後會出現到何種程度，不妨好好觀察。

第二是**「意識到身體的感覺」**的方法。身體的感覺，與記憶或情感是完全不同的心理狀態，將注意力放在身體感覺上，很容易就能重新整理內心的反應。例如幼小的孩子即使生氣或哭泣，只要放一顆糖果在他們嘴裡，或是看到有趣的東西，很快就會破涕為笑，這就是反應「情感」的心切換成反應「身體感覺」的狀態。

即使是成年人，想起不悅的記憶，或是為不愉快的情感而煩惱時，最好「將注意力轉向身體的感覺」。例如外出散步、運動、泡澡等，女性則可以試試熱瑜伽。

第三是**「斷絕反應的來源」**。上面介紹的這名女性，可以與「愛干涉的母親」保持距離。

血親是導致行生的心蔓延的最主要原因。這是因為相關雙方的模式（性格或角色）已經確立，每次面對的都是早已彼此熟悉的父母或子女，當然出現的反應也相同。

這種反應若是正面的，而且能給對方帶來快樂的話還好；但如果是負面的，而且會刺激不愉快的反應，就麻煩了。血親的關係會成為痛苦「輪迴」（反覆發生）的原因。例如有人「平時情緒很穩定，但回到自己家裡，個性就變得連自己都覺得厭惡」。

如果這種關係成為導致煩惱延伸的原因，那麼就果斷地保持距離。而且，如果是很容易就「行生」關係，暫時「切斷關係」不失為一個好方法。

我想有些人很難切斷關係，但「斷絕關係」有時是重新建立關係所必要的。理想的方法是，直到對①過去的記憶、②現在的對象都不再反應為止，物理性地或時間性地暫時保持距離。

這時最好把眼光放遠，「總有一天能彼此理解吧。」「真困擾，但以後應該能解決吧。」人的心是無常的，狀況也經常改變，所以不妨「先暫時保持距離」。

這名女性果斷選擇「暫時不連絡」。「等結婚以後再思考與母親的關係。」她開朗的聲音給我留下深刻的印象。

> 交往而產生愛情。愛情產生苦惱。
> 理解愛情會發生災禍，像犀牛角般獨自行走。
>
> ——《經集》〈犀牛角經〉

不再比較，專注於自己的事！

其實大家都知道，「專注於自己的事」是最好的方法。

但是仍會不知不覺在意他人的視線，而忽略了自己的事，結果產生煩惱，尤其「與他人比較」更是煩惱的主要原因。

不要比較，專注於自己的事——無法作這樣的切割嗎？就像獨自行走的佛陀一般合理思考，是可以做到的。

「比較」是不合理的思考法

人為什麼喜歡比較？例如從雜誌上得知「同世代的平均收入」，有人安心，有

人則感到失望。看到活躍在各領域中的人，有人自卑，有人感到焦慮。心總是向著外界，收集職業、地位、收入、目光、學歷、評價等各種資訊，來判斷「自己的位置」。這是什麼樣的心理呢？

「比較」的目的只有一個，就是希望「滿足認同欲並覺得安心」。或希望知道「自己沒有被甩開」「自己比較好」。

如果自己不肯定自己，或完全沒有希望他人肯定的心理，或許就不會產生「比較」的念頭。

反過來說，大概沒有人會因為不肯定自己或對自己不滿，而與他人比較來確認自己的價值吧，一定是希望判斷自己「優於他人」而比較。

但是，「比較」是相當不合理的想法。

第一個原因，所謂「比較」的心理作用並不實際，只是虛幻的妄想。因此，不會感受到實在的感覺。

第二個原因，即使比較了，自己的狀況也不會改變。因此永遠無法讓人安心。

第三個原因，若想藉由比較來得到安心感，就必須站在絕對而且完全有利的立場。但實際上這是不可能的事，因此始終會感到不滿。

那麼為什麼還如此喜愛比較呢？或許就是因為已非常「習慣於妄想」。容易妄想。習慣於妄想。雖然現實沒有改變，但「比較」卻是立即可做的事，而且偶爾還可得到優越感，因此自然愛與他人比較。

換言之，與他人比較的狀態簡直就是「浪費時間」。

人看到自己的體驗有優於他人的成果，就覺得他人不如自己。賢者理解到這正是產生痛苦的執著。自己與他人比較，不可思考「相同」「優」「劣」（因為這些會產生新的痛苦）。

——《經集》〈關於最佳的思考〉

什麼是一定能實現目標的「正確的努力」？

如果「比較」不過是始於認同欲的妄想，那麼盡快停止是最正確的作法，因為還有其他該做的事。

若想滿足「認同欲」，就應「正確努力」。這有三個條件：

①以希望他人認同的心情為動力，「改善」目前的工作和生活。
②不論任何時候都專注於「自己的事情」。
③以「自己能夠滿意」為指標（基準）。

只要你不打算出家，我認為重視認同欲並無不可。「不想輸給競爭對手」「希望獲得勝利維持榮譽」「希望獲得受到他人肯定的成果」「想磨練更高的能力」——如果這些能夠成為活動的動力，不妨好好努力。

不過這只能用來當成「動機」。不可當成「目的」。

因為，能否受到他人肯定，是由他人來決定，不是自己能夠控制的。如果以別人對自己的評價為「目的」，就會產生「在意他人眼光」的心理。

受到他人肯定、得到好的評價、獲得成功——這些都屬於「別人的領域」或「未來的事」。除了自己說的話、現在想的事情、眼前能做的事情以外，其他事情終究只是「妄想」。佛陀的思想，不論何時都不會以妄想為「目的」。

「希望得到他人肯定」，作為開始時的動機或最後的方向是可以的。但是一旦起步之後最好轉換成佛教的想法——「改善」「集中精神」以及「滿意」。

改善、專注、滿意——禪寺勞務的效用

工作也好，自己的生活也好，展開某件新的事情時，建議大家抱著「改善」的想法。

「改善」在佛教上來說，就是「能感覺快樂的改良」。工作的進行方式、小工具、背景音樂、環境、配色、電腦軟體或行動電話的應用程式、與人的往來等，都要加以改良以「得到快樂」。

如前面所述，內心的反應是「快」與「不快」二者擇一。感覺到「不快」的心會逃離現場（因為那是壓力）。

反之，若感覺「快」的話，內心會執著於「快」的對象（可成為工作動力）。活用這種內心的性質，來改善環境以獲得「快」即可。請享受此樂趣。

藉此進一步說明，所謂「正確的努力」，並不是以「為了得到他人肯定」或「為了獲得成果」等「外在的事情」為目標。不論最初的動機是什麼，一旦開始之後，就

建立「內在的動機」來努力。也就是說，重視集中注意力與充實等內心的「快」，持續專注於一個作業。

禪寺中的「勞務」就是這種實踐。不問「意義何在」，一心一意地，以充實感及「磨練內心」的爽快感和滿足為目的。

「專注於本身事務」的禪智慧

「自己的事務」是指對自己有必要、有幫助、能以一己之力從事的「作業」，與「他人的目光」或「周遭其他人做的事」無關。

「正確的努力」則是指忘記「外面的世界」，將注意力「集中於自己的事情」，而且在此過程中「自己能夠滿足」，這樣可以帶來成果。

將注意力「集中於自己事情」的順序，下面借禪的智慧來說明。

①閉上眼睛——應以此作為人生的基本事項，閉上眼睛是非常重要的工作。

我們常過度在意「外在的世界」，心總是被外在世界吸引，變成坐立不安的焦慮狀態。

人的心只要接觸外界的事情一定會產生反應，內心並不如大家所期待的那樣堅強。走在室外會反應。看到其他人也會反應。產生反應的話，心裡就會累積各種雜念。希望大家了解，心原本就是這樣的狀態。

因此，從一開始就「不看外界」「不看其他人」是最好的方法，也就是「閉上眼睛」來看待事情。

在這種狀態下，請大家只注視心的內側。這才是邁向自己必須從事的工作的出發點。

②重新整理無謂的反應——閉上眼睛後，再來看「內心的狀態」。

或許可以看到疲倦、壓力、不滿、緊張，以及其他各種雜念像微粒子般漂浮在眼前。任何狀態都無所謂，不妨直接接受，而且客觀地觀察，「嗯，我現在腦子裡就是這種狀態。」

觀察時間三十秒也好，五分鐘也好，自己來決定。當心情起伏不定時，建議用碼表設定十五分鐘。

閉上眼睛持續觀察。單是這樣就能淨化內心，使心情平靜下來。請大家用這種方法來重新整理無謂的反應。它可以使內心平靜，保持清晰的狀態。

③張開眼睛，專心從事眼前的工作——時間到了，猛然張開眼睛，開始進行眼前的工作。「起跑後的衝刺」非常重要。若能重新整理反應，就可一鼓作氣，專注於工作上。

之後注意力可能會減退而無法長時間持續，這時可以稍作休息，再回到①「閉上眼睛」，重新開始。

這種方法正是佛陀所教導的「八正道」的日常生活版。所謂八正道，是指佛陀所主張的實踐內容，亦即「修行達到最高成就的八種方法」。

其中包括「正念」「正定」「正精進」三項。

「正念」是指「仔細注意」。如前面所說明的「靜心」、注意自己的感覺、用言語來確認等內心的使用方法。「正定」是指「集中注意力於一點」。「正精進」（正確的努力）意味著「持續注意和集中精神」。

完全實踐這三個方法，以達到所謂「禪定」的超高度集中狀態，正是禪和內觀靜心的修行。

這三項也可以使用在日常生活中的「專注於自己的事情」上。實施的順序，就如同上面所介紹的①、②、③三個步驟。請務必在職場和家庭中實踐這個「注意力集中法」。

先閉上眼睛，到了心情平靜的狀態時宣布：「開始！」然後付諸行動（「開始！」在禪的世界中意味著「決定！」）。

如同藉著助跑之力來跳高一般，務必經由①、②、③三個步驟，試試看能夠進展到什麼程度。

無心地工作即盡心地工作？

一旦開始工作之後，就不可再理會他人的視線，或妄想外在的世界。工作時應「無心」（心無妄念）。也就是做一件事情時，應盡心而為。這樣的話，就可淨化無謂的反應，內心變得透明，因「集中精神」而獲得充實感和喜悅，之後的實感就是「滿足」。

能夠這樣努力，已不再需要他人的肯定。只要集中注意力，不久之後就能獲得成果，最後，受他人感謝或被他人稱讚等附帶的榮譽或許也會跟著到來。但因為在工作的中途——亦即專心從事自己工作的過程中——已經感到滿意，因此這些都已無所謂了。

明白自己該做的事情。重新整理內心，並集中精神。完成工作之後，剩下的就是領悟。單是這樣，已可說是暢快的結局。

你是否已不再在意「他人的視線」？
按照佛陀所教導的，只要注視自己的內心，就能獲得答案。

不可為了他人的事情，而忽略了自己應該做的事。
要清楚了解自己的事，專注於自己該做的事。

——《法句經》〈自己品〉

第5章

正確的競爭

競爭或許是妄想

在社會中，競爭是無法避免的現實。但是在追求勝利的道路上，必定會遭遇緊張、焦慮、輸不得的壓力。落敗時也會留下失敗感、低劣感等負面情感。因此人會備受競爭困擾。

有沒有什麼方法，能夠解決競爭帶來的煩惱呢？理解「競爭的真正面貌」和「正確的競爭方法」，就能找到不受競爭所苦的生存方法。

了解競爭的機制

「競爭」到底是什麼？

若根據佛陀「觀察內心」的思考法，競爭就是始於「追求心」。

所有的生命都在追求滿足欲望，他們的腦子裡都已被輸入「獲得能夠滿足欲望的東西，才是生存的目的」。

不過對人類而言，能滿足欲望的不只有生存所必需的食物、房屋、衣服等物質，還包括了地位、榮譽、學歷、容貌、經歷等能滿足「認同欲」的標記。

但這些標記都是有限的，追求同樣目標的人於是展開爭奪，擊敗對手就可獲得「勝利」，這就是「競爭」的開始。

競爭並非單純的相互爭奪，人類還帶有希望「更有利、更優秀、超越他人」的「貪欲」。貪欲不是「到達某個目標即game over」，只要心中存有貪欲，不論獲得什麼樣的標記，或不論獲得多少標記，仍會參加新的競爭，去爭取「別的標記或下一次勝利」。

認同欲也會驅使內心走向競爭，以「提高自己的價值，繼續爭取勝利，更受他人肯定」。

也就是說，競爭的心理深處存在著「獲得某些東西以滿足欲望」的原始需求，以及「已獲得的東西還無法滿足欲望」的貪欲（內心的渴望）。

只要生存，欲望就不會停止。若抱著欲望進入現實的世界，內心就會半自動地展開無止境的競爭。

人絕對不會滿足，始終會渴求某些東西，或渴望獲得勝利。

這是內心受到追求心所驅使，而呈現渴求的狀態。

——何謂拋開貪念的人，《經藏》《相應部》

誤解勝利滋味甜美

製造「競爭」的，除了本身「希望勝利」的欲望之外，還有世上迫使人類進行競爭的「結構」。

只要有人類的地方，就無法避免競爭發生。企業進行銷售競爭，上班族在工作上爭相出人頭地是很普遍的事。連小孩子在幼小時也會爭奪玩具，長大後也會在成績上或朋友的多寡上展開競爭。

不過，社會上有些原本沒有必要的競爭，卻因為某些人的個人因素而造成。例如很多人常在不知不覺中被捲進原本沒有必要的「虛擬競爭」中。

關於虛擬競爭，最容易了解的例子就是「求學」。相信每個人都有經驗，小孩子到了一定年齡就開始在意自己的價值。到了中學時代，一方面已進入青春期，而且升學需要原來學校的成績單，因此對成績相當重視。

「學習知性能力」原本是求學的本質，「為了分數忽喜忽憂」之外，其實還有更需要思考的事。但是周遭的大人們——父母、學校或補習班的老師——卻會煽動和刺激小孩，「你看，這是你的分數、名次、偏差值（相對於整體平均值的偏差數值）」，追究檢測小孩價值的標準。

過去從未思考過「檢測自己價值之標準」的小孩，開始學習到依「分數」「成績」以及經由比較來確認自己價值的「判斷方法」。於是建立起以下的思考模式：①產生希望被肯定的心情↓②要受到肯定就必須提高成績↓③因此把提高成績當成目標。

不過，大部分的小孩——大概也包括以前的你——都會感到疑惑。因為，「提高成績」的目標是沒有實體、完全虛擬的東西。

「為什麼一定要念書？」這樣想的小孩，或許會直覺在學校的學習不過是觀念、標記或妄想而已，沒有樂趣，也無法滿足知的欲望。沒有「快」的感覺，卻必須持續，心裡一定相當彆扭。

小孩也有認同欲，這種欲望的**反應**之一就是在「自己的價值決定於成績好壞」的價值觀之下學習。但周圍都是以這種價值觀來判斷的大人，因此產生錯覺，以為依成績來判斷優劣、勝負的虛擬判斷確實存在。

如果小孩是像佛陀一樣覺醒的人，或許會「如同犀牛角一般獨自而行」；但是充滿了「希望獲得大人認同」的心理的小孩，則會好好努力或「像野豬般勇往直前」。結果不知不覺捲入學力評比的「競爭」之中。

製造出這種競爭的，只是價值觀和判斷而已，是一種妄想。換言之，是大人們依「分數」來觀察價值的錯覺所製造出來的。

對學校或補習班的教師而言，「提高學生的成績」與利益相關。

如果小孩的成績優良，父母親也能滿足自尊心（認同欲），而且父母還可透過小孩彌補自己過去沒有得到勝利的心願（遺憾、怨恨）。

小孩本身也可以從學業中看到所謂「勝利」的價值，認為能夠獲勝，可被視為「頭腦好」，並能維持自己的榮譽。

每個小孩都有各自的「蜜」——欲望的滿足，因此自然會參加學業的虛擬競爭。人總是陷在妄想中難以自拔，因此對成績的執著也很難捨棄。

沒有人可以完全勝利

以前我自己也曾捲入學業的虛擬競爭中。那是一個想利用學業來「死守榮耀」的人高密度聚集的空間。

在那個世界裡，絕對無法滿足自己。人會不斷找尋「能死守榮耀」的標記，並為了獲得此標記而持續競爭。科系、未來之路的選擇，也都是為了在「守住榮耀的競爭」中獲得勝利。很多人出了社會，即使經過幾十年，甚至即將退休之時，依然執著於「榮耀」。

一旦陷入虛擬競爭中，就很難脫身。「成績優良」「頭腦好」「勝利」「榮耀」，這些都只是認同欲所製造出來的妄想，但如果離開了競爭，就可能被認為「拙劣」。這是每個人所不願意的，因此希望一直勝利下去。

理所當然的，這個世界上的人都會在意別人的看法，因此看起來似乎都有些膽怯和渴望。

這個世界被戰鬥、爭論、擔心、悲傷、惋惜、「有我在」的「自大心」、傲慢、誹謗中傷所糾纏。

我看到不久之後必定會喪失自我，因此看空一切。

——《經集》〈戰鬥〉〈武器〉

誰都不能否定競爭存在的事實。競爭的產生，有時候是因為失敗對自己不利，因而必須執著於勝利。

但是，如果僅執著於「勝利」的虛擬價值，將會捲入永無止境的競爭中。沒有人能獲得完全的勝利（完全安心的狀態）。而且幾乎所有人都嘗過「失敗」的滋味。若不適時切換心情，那麼失敗的痛苦將會終身伴隨。

佛教並沒有「否定現實」（退出競爭），但也不認為要囫圇吞棗去「迎合」。應該思考的是，「自己要如何面對」競爭的現實。因此佛教呼籲，應確立自身的態度。

競爭前先準備

要如何面對競爭的現實？很多人會想到以下兩點。

①參加競爭，追求勝利（世上的人大多會作此判斷）

②退出競爭，尋求不同的生存方式

參加或退出二擇一，這大概是世人普遍的想法。

確實，「勝利及成功的哲學」，與相反的「退出競爭自由生存」兩種訊息，在社會上最受重視，一般人認為佛教也採取②「退出競爭」的路線。

不過，若探究佛陀的思考方法「重要的是抱著什麼樣的心態」，可以發現：在選擇之前還有其他問題。

那就是「以什麼樣的心態在現實之中生存」？

換言之，佛教並不否定競爭的現實，但是要先確立自己在現實之中保持什麼樣的心態。

於是出現了第三個選項，就是：

③以不同的動機在競爭之中生存。

亦即在「勝利」的動機之外，如何在競爭社會中生存。不再是勝或敗二擇一的價值觀，而是抱著其他價值觀在競爭社會中生存。

禪僧的教導：不如閉上眼睛來觀察

以其他動機或價值觀在競爭社會中生存——或許有人會懷疑是否能夠做到。但如果採取佛陀的思考方法是有可能的。

不過要實現這個目標，自己必須先暫時離開「競爭」的妄想遊戲。以下就是脫身的方法——

一位「對競爭已感到疲倦」的人，某一天來到禪寺。禪僧告訴他：

「請先蒙住眼睛。」

請大家也照著做。蒙住眼睛後，眼前一片漆黑。判斷勝負的人，以及整個社會都不存在了。

在黑暗中能夠看見的，只有自己的想法——請仔細看看浮現了什麼想法。

「什麼，我輸了嗎？」

「我要擊敗對手，讓他們肯定我的價值。」

「我不想被人瞧不起。我不想被人輕視。」

或許會不斷湧現這樣的想法。

對勝利的渴望、榮耀、自尊心、虛榮心、外表——這些想法都是從內心的黑暗處生出來的。落後、不如人、失敗、懷疑自己沒有價值等想法，也是從黑暗中湧現的。

請像下面所述般正確理解這些想法。①產生追求心→②產生希望勝利的欲望→③產生勝負的判斷、自己與他人的比較、與他人對立的意識、受競爭驅使的心理……

是的，上面看到的所有想法都是「妄想」。

希望勝利、勝利了、不想失敗、失敗了……這些都是妄想。現在浮現的妄想，正是「競爭」的真正面貌。

請把眼睛張開，仔細看看眼前的景象。屋子裡或戶外的景色都可以。

這時所看到的是光（視覺）。剛才浮現在腦子裡的妄想，一切都不存在了。

請清楚地體會一下：「剛才所想到的原來都是妄想。」

我們平常以為有實體的東西，例如社會上爭奪勝負、優劣的資訊與價值觀，嚴格來說，都只是「妄想」而已。

這些妄想在腦子裡浮游，口中念念有詞：「我要得到、我要勝利、不能落後。」

人的內心就是這樣被妄想覆蓋，同時生存著，但其實與「沉睡在妄想中」沒有兩樣。

或許有人認為：「雖然這樣說，但不是還得回到現實中，而且仍然會捲入競爭中嗎？」

並非如此。這是理解佛教思考方法上非常重要的一點。

我們應該覺悟的是，對於競爭的現實與社會的現實，平時要「以何種心態面對」，這是最根源的部分。外在的世界是其次，競爭的現實也是後話。在此之前，必須先注意自己的反應和現在的心態。亦即理解以何種心態與外在的世界對峙。

閉上眼睛來看，裡面只有「希望勝利」的欲望製造出來的妄想。發現妄想後，首先應脫離妄想。這是從競爭中恢復自由的第一步。

若是佛陀，他會說：「趕快醒來！」

人總是會對外在的世界作出反應，在意「希望勝利」的欲望、外表、榮耀。想得到物質、財產、評價、學歷、榮譽等代表勝利的標記。

對勝利的欲望會不斷地煽動內心。即使「勝利了」，心裡的某處依然感到不安。還會思考著「不願輸給任何人」「想贏得更多勝利」。

而如果想的是「失敗了」，內心則會被對勝利的渴望驅使，持續追求勝利。即使隨著年齡的增加，「競爭」已成為遙遠往事，仍會夢想「當時如果這樣做，自己或許能夠勝利」「現在繼續努力，還是有勝利的機會吧」。

人不論到幾歲，都始終生活在如睡夢般的「求勝」欲望中。

若是佛陀，相信他會說：「請醒醒吧！」

可能有人會問：「這樣下去絕對無法滿足。人生在無法滿足的狀況下結束，你認為是正確的作法嗎？」

社會中確實有競爭。追求勝利是可能的。

但是，要以什麼樣的心態面對競爭的現實呢？這是每個人自己的選擇。

重要的是，應該試著從腦子裡的虛擬競爭中走出來。也就是暫時從腦子裡的妄想——競爭中醒來。

這時，就可以選擇參加競爭還是退出競爭，或是以其他的動機展開新的生活。之後才有可能得到真正的勝利——自我的滿足。

如果始終在意外界的社會或他人，請閉上眼睛。

如果受勝負或優劣的判斷所苦惱，請張開眼睛。

閉上眼睛，是為了不要反應。張開眼睛，則是為了從妄想中醒來。雖然很簡單，卻是脫離所謂競爭的虛幻妄想的第一步。

開始練習實踐，好恢復內心的自由吧。

看得見的人，不看也無妨。聽得到的人，不聽也無妨。世間有智者睹聞之，故作愚者狀。

——長老摩訶迦旃延的話，《長老偈經》

不看心的內側，只向外在世界反應的人，會被欲望左右。對心的內側和外側世界都充分理解，不被煩惱覆蓋，能用清澈的心觀看的人，才不會被欲望左右。

——長老羅毘陀迦（跋提耶）的話，《長老偈經》

準備正確的動機

參加競爭？退出競爭？或是以其他動機在競爭中生存？——我們有三個選項可以選擇。

問題是所謂的「其他動機」是什麼？採取新的動機時，要能夠「雖在競爭中，卻不會受競爭所苦地生存」。

圓滿解決人際關係的四無量心

這裡希望大家先知道佛陀所教導的人生四種心，亦即面對世界的方法。那就是稱為慈、悲、喜、捨的「四無量心」。

慈（給樂之心）——這是給眾人快樂的心。並非透過對自己有利的因素或欲望，而是純粹「希望眾生幸福」的心。

悲（拔苦之心）——這是理解與消除眾生痛苦以及悲哀的心。能夠體會眾生的「悲」。

喜（隨喜之心）——這是理解眾生的喜悅與快樂的心。分享眾生的「喜」。

捨（布施之心）——這是放手的心、捨棄的心、不反應的心。也稱之為「中立心」。例如發現欲望或憤怒的反應時，加以阻止的心。

社會上常以「愛」來統稱這幾種心。不過「愛」相當模糊，有時也會成為互相受苦的原因。佛教則較為嚴謹，將「愛」分成四種內心的表現來理解。

世上每個人都擁有這四種心。每個人都有希望家人、小孩幸福，以及希望周遭的人生活順利的給樂之心。

身邊的人生病、煩惱，自己也感覺痛苦。陌生地方的人遭受地震等災害，也會想要伸出援手。這就是拔苦之心。

看到寵物專心攝取餌食的樣子，心裡感到欣慰。看到小孩在公園快樂地玩耍，心裡感覺幸福。這就是共享喜悅的隨喜之心。

原諒別人。放下過去的憤怒。盡可能不要反應，以避免受更多的痛苦。這就是布施之心。

最困難的可能是「布施之心」。因為心裡有「執著」。希望滿足欲望、不願原諒他人、不願肯定他人、希望勝利，這些全都是「執著」。

人類常將執著的想法，以「為了他人」「為了社會」「為了正義或愛」等理由加以正當化，不論親子關係或國際關係都一樣。

但是這種「愛」或「正義」，在佛教中不過是言語或觀念罷了。能正確觀察到心裡有什麼樣的反應或內心作用的，唯有佛陀的思考方法。

製造值得稱讚的人生基礎

所有的人都擁有這四無量心。但很意外，也很遺憾的，不論在學校或出了社會，並沒有明確教導慈、悲、喜、捨四無量心的機會。這原本是超越宗教與思想，每個人都擁有且很普遍的「內心使用方法」，可惜一般人在生活中都忽略了它們的存在。

結果他們過著什麼樣的人生呢？就是抱著欲望、憤怒、妄想，凡事都要反應的煩惱人生。

在家庭中，只考慮自己的便利、想法、任性，不在意他人的痛苦；在工作上，只追求自己的評價、成果、收入，不理會周遭的人和組織的利益，獨立之後也只顧自己的榮耀、勝負和優劣。雖然沉溺在怠惰和快樂中，心裡卻始終不滿足。而且老是想起過去的失敗，並對未來感到不安，毫不在乎「這樣下去好不好」。

內心某處感到渴望或焦慮，卻不知如何是好——就生存在這種痛苦的現實中。

這種迷失的人生，可以在某處重新出發嗎？

不能找到自己也「滿意」的生存方式嗎？

佛陀所教導的是觀察（理解）內心、注意反應，以及站在正確的動機上，也就是**以慈、悲、喜、捨四無量心為內心的基礎和人生的動機。**

世界會因為眾人齊心協力而改變

本著慈、悲、喜、捨四無量心，人生會有什麼改變？下面介紹一名男性的例子。

這名男性在一家著名的外資顧問公司工作。他學歷高，年收入高達數千萬日圓，是社會上的菁英。但他所在的職場中，同事們卻無情地互扯後腿。有同事生病、失敗、失寵時，周遭的人內心都在竊笑。簡直是充滿殺氣的環境。

這名男性也告訴我，他的胃因為壓力而出問題，正在服用胃藥。繼續這樣下去，精神也可能崩潰，因此想辭職算了。

我對他說：「請用悲之心來面對。」

在激烈競爭的環境中，自己如果用我欲（只追求自己利益的欲望）來反應，大概很快就會怒火中燒。當然辭去工作也是一種手段，但在此之前還有應該努力的課題，那就是「站在正確的動機上」。

所謂正確的動機，就是抱持著「悲」之心。職場中的人，一定不知道什麼是安穩的日子。內心的升官欲、榮耀感、虛榮心像被煽動般燃起。或許有人心裡更充滿了壓力、疲倦、猜疑、同仇敵愾等各種情緒。欠缺了「快」的心是空虛的。應該有不少人感到疑惑，「不知為了什麼而工作」。

首先要體諒、理解這些人的痛苦，想想：「大家真是努力！」

如果能夠這樣想，那麼世界可能會有些不同。若被欲望拘束，世界會變得狹窄。但是抱著「悲」之心，無形中就能體會到彼此的「關連」。而且可以感覺到世界變得寬廣。

慈、悲、喜、捨的強大力量！

人只要活著就會有痛苦。這是佛陀所說的佛法中的一節「四聖諦」。

關於此內容，有人認為：「佛教是悲觀的、負面的、厭世的。」其實不然。它只是誠實說出每個人都會體驗的人生。

「生存並不是快樂的事」——這正是「實感」。

不過，這並非人生的「結論」，而是「從現在起創造一個沒有痛苦的人生」的「出發點」。

佛陀就曾說過積極追求希望的話：「請克服這些痛苦。」

「並不是只有自己。所有的人都抱著痛苦」——這也是從佛陀的佛法中導出的真實現象。佛陀說出了活在世上的所有人——家人、職場中的人、一起搭乘電車的人、在路上擦身而過的人、電視上看到的人——每個人都抱著各自之苦的事實。

如果能夠覺悟到這些真相，那麼痛苦或許能夠減輕一些。以為「世上只有我這樣……」的孤獨感，應該也可以稍稍化解。

每個人都在各自的「現實」中努力生活。理解到這一點時，人將可以開始走上新的人生。因為「悲」之心就具有如此強大的力量。

前面提到的那位男性表示，了解慈、悲、喜、捨四無量心後，心情就平靜下來，也覺得職場中不再那麼痛苦。

單是理解「抱持什麼樣的心」，內心反應的內容即隨之改變。這意味著除了佛教之外，向各種不同的思想或人學習生存與思考方法，也能為未來的人生帶來希望。因此希望大家多學習。

做個有助於他人、對人有貢獻的人

以慈、悲、喜、捨四無量心作為內心的依託和生存上的基本原則，工作和人生的意義都會有很大的不同。

「慈」是希望他人幸福和得到利益的心。由此能產生「對他人有貢獻」「有助於他人」的想法。

「喜」是看到他人喜悅的表情，自己也能感覺幸福。希望大家多注意「他人的喜悅」，並自然地作出「反應」。

有「悲」的心，一開始就能看出他人的苦惱。並產生戒心，不可讓他人痛苦，不可使他人損失。

對他人有貢獻、厚待他人、提供服務、有助於他人，這些都是慈、悲、喜的心。我想這樣就已足夠成為工作的動機和生存的意義。

人如果執著於我欲、憤怒、妄想等煩惱，一定會產生痛苦和不滿。「想獲得勝利」「想得到某個東西」，腦子裡會浮現「獲得勝利的自己」「得到某個東西的狀態」，這些都是「妄想」。

所謂「欲望」，就是「欲求」加上「妄想」。追求妄想時，人會失去自我，忘記原本應有的生存方式和良好的心理狀態。不少人因此而忘記正確的生存方式。

因此佛陀呼籲：**「請張開眼睛。」**

也就是希望人**看清楚自己的反應並加以留意，化解使自己痛苦的反應，以恢復自由。**

慈、悲、喜、捨這四無量心很容易忘記，卻是使人幸福生存所不可欠缺的永恆真理。如果以這四種心作為工作的動機和生存的目的，在競爭的現實中，就能讓被欲望、憤怒、妄想驅使的自己恢復一些自由。

這樣才可以在競爭的現實中找到不受競爭所苦的生存方式。

注意五個阻礙

沒有必要全盤否定「以勝利為目標」。

為了勝利而努力，不但是為了自己，同時也能使其他人受惠的奇妙案例，在社會上並不罕見。

不過，要獲得勝利有一定的順序。

佛教認為：**「首先應在自我的內在得到確實的勝利。」**

佛陀曾說，要「成道」（達成目的），請注意「五個阻礙」。

聞道者啊，最好注意自己充滿迷惑的心。因為心裡有「五個阻礙」。就是①被快樂吸引的心、②憤怒、③沒有動力的心、④雜亂而不平靜的心，以及⑤疑惑。

一定要注意。在這種心理狀態下，無法仔細理解事物，也不能正確思考。結果一連串的痛苦將持續不斷。

——對年輕修行者的訓誡，《經藏》《中部》

我們的心裡一直存在著這「五個阻礙」。不順利的時候、失敗的時候、挫折的時候，通常都是因為其中某個阻礙所致。因此佛陀呼籲大家一定要注意。

阻礙人生的五個注意事項

下面就來確認一下佛陀所說的「五個阻礙」。

①被快樂吸引的心——這是被影像、聲音、香氣、味覺、觸覺等「五感的快樂」所吸引的心。

電視、漫畫、網路、美食，以及其他的娛樂都包括在內。

如果只是「適度」，而且是「內心得到快樂所必要的」，還沒有什麼問題。

但若是「在重要的工作中分神」或是「長時間沉迷其中無法自拔」「自己不能控制」，就會陷入被「阻礙」控制的狀態。一定要想辦法解決。

②憤怒——這是內心受不快、不滿、悲傷、壓力、對他人的惡意等擾亂的情感。

有這種心情時，頭腦會混亂、焦慮、精神無法集中。

偶爾聽到有人說：「生氣的時候反而能激發出動力。」不過佛教認為這種想法是「危險的誤解」。

因為，對憤怒感到「快」的人，在各種場合很容易發怒。我想會說「能產生動力」的人，過去大概經常因為憤怒而失敗。

還有一種「誤解」是，原本「動力、幹勁」應是在「沒有無謂反應的專注狀態」下產生，憤怒則只是「反應」。「內心沒有無謂反應」與「有憤怒的反應」兩種狀態，在哪一種狀態下較能夠努力工作？

內心最好不要有無謂的反應，盡可能保持透澈的狀態。這才是追求勝利與成功的重要方針。

③沒有動力的心——這是想睡覺、感覺麻煩、想要輕鬆、想偷懶、覺得疲倦和沒有精神的狀態。這些確實會成為「阻礙」。

缺乏工作欲望的原因很難一概而論。不過，例如「休息之後還是無法恢復工作欲望」，或許是原本就「欠缺動機」（或動機錯誤），或是工作本身或人際關係等缺乏「快」的感覺。

不妨如前面所述般，站在「重視『快』的感覺」和「進行改善」的觀點上，試著改變生活。

④雜亂而不平靜的心——心充滿雜念和妄想，坐立不安，心神不寧，不能專心工作的狀態。

老實說，這種狀態的原因或許是習慣於電視、網路、電腦遊戲、音樂等刺激，或是對菸酒、智慧型手機等的「無心反應」。

對於這種狀態，只有從「減少刺激」開始。不要分心。到室外散步。當然坐禪和靜心等都有幫助。

⑤疑惑——這是對自己、他人、將來的事都抱持負面想法的心。「可能又會失敗」「自己做不到」，對自己沒信心。「是否不受人喜歡？」「是否被騙了？」抱著懷疑的心。「不知將來會如何」的不安也包括在內。

這種「疑惑」，若以三毒（即「貪」「瞋」「痴」三種煩惱）而言，相當於「妄想」。多注意，消除妄想是解決之道。

擊退人生五個阻礙的佛陀思維

令人煩惱的是，這「五個阻礙」具有相當強大的力量。「我明明知道，但就是無法避免」，這可能是很多人的想法。

如果持續被五個阻礙擊敗，將會導致厭惡自己，甚至喪失自尊心。

若要在人生中「成長」，就必須擊敗這「五個阻礙」。那麼如何才能擊敗它們呢？

本書中所介紹的佛陀的思考方法，就可直接當作「致勝法」。

例如，當遭遇到「阻礙」時，「盡可能不要反應，將它理解為『正受到阻礙襲擊』」，這就是正確的致勝法。

其次為「方向性」，仔細確定自己的目標，「絕對不可敗給它」，藉此激勵自己，也是勝利方法之一。

此外，①不藉反應來逃避、②找尋「快」的感覺等精神武裝也是方法。

什麼是「不藉反應來逃避」？例如，停止有一點點空閒就打開電視或上網的反應。

佛教以「遺漏」來稱這種微小的反應。這是無法專心注意重要的事，導致反應從「內心的小孔」向外滲漏出來的狀態。

這種小的遺漏不斷累積的話，距離成功將越來越遙遠。

當然如果只是尋求生活中的樂趣，還沒有什麼問題。但若是「自己有更重大的目標」或是「工作無論如何必須得到結果」時，就應盡可能避免作出無謂反應。「努力忍耐想要反應的意圖」。

取而代之的是，暫時「注意自己的身體感覺」。什麼事都不要做，僅體會身體的呼吸。若覺得很枯燥，不妨以「這樣可以使心情平靜」作為最初的目標。

「找尋快的感覺」是指積極地「享受」工作或學業的樂趣。盡可能作出「快的反應」。也就是努力感覺自己「正在享受快樂」。

這裡可以採取與本書的書名「不反應」相反的方法。所謂「不反應」，針對的是欲望、憤怒、妄想等負面或反面的反應。

反過來說，可激勵自己情緒的「快的反應」，則不妨有意識地嘗試看看。「很有趣呀！」「我現在非常努力！」作出這些正面的反應。

用心作出「快的反應」，平時「蠻不在乎的心」將會慢慢變成「清晰而愉悅的心」。而且，對於阻礙也不再反應（不認輸）。請大家務必試試看。

請記住，「快的反應」會隨著自己的努力而增強。

人生就是正確地努力減去五個阻礙

關於「五個阻礙」，還有一點希望大家了解的就是**「人生減掉五個阻礙還剩什麼？」**減掉五個阻礙後的「剩餘」，就是真實的自己。

有時聽到有人心虛地說：「我的人生老是失敗。」「現在根本無法專心工作。」但進一步詢問後發現，其實他們「希望成功」「希望今後在工作上能表現得更好」的想法非常強烈。看起來「幹勁十足」。

不過，觀察他們的現實生活，卻可以發現他們很容易被快樂吸引、追求輕鬆、常為小事發怒等「弱點」。

他們本人並不承認這些弱點，而且沒有捨棄「自己可以做得更好」「自己不是那樣的人」等想法。

佛教很真實地看見這種「內心的柔弱」和「敗給阻礙的心」。

人類都有弱點，也會妥協。也常追求快樂與怠惰。這是事實，不容否認。**真正的自我，就是「努力的自己」減去「有弱點的自己」（五個阻礙）之後剩餘的部分。**

這個所謂「真正的自己」，無法（不應該）判斷好壞。因為理所當然的，本身以外的自己根本不存在。

只有在本人的妄想之中，才存在著「可以表現得更好的自己」。不過，即使執著於這種妄想，也只會使自己落得悲慘和痛苦而已。

「真正的自己」一直存在著。

誠實而不否定地接受這個自己才是正確的作法。

人生隨時可以「從這裡開始」。

如果對自己還不滿意，不妨從現在起充實自己，使自己成長。

這時不要再受「五個阻礙」羈絆。好好努力「自己爭取勝利」。

人生就是「正確的努力」減去「五個阻礙」後「剩餘的部分」。剩下的「自己」對本人而言，才是最好的成果和最佳的答案。

因此從現在開始挑戰，使最好、最棒、最真實的自己不斷成長吧！

最後，不論自己好壞，都無條件地接受對自己而言最佳的答案。不論在任何時候都要「肯定自己」，這種肯定是不需要根據的。

從失敗的想法中解放出來

「希望勝利」的企圖越強烈，失敗時的失落感和內心的傷痛也更為劇烈。很多人經過長久的時間，依然無法從氣餒、失望、自責、挫折等情緒中走出來。

佛教的理解是「原本就沒有勝負。這種想法是欲望和妄想製造出來的幻想。」這並非單純的安慰，而是正確理解自己內心時，才能清楚認識的事實。

現在的嫉妒是過去的自卑

以嫉妒、覺得麻煩等情感為例。人感覺嫉妒，都是對比自己幸運、比自己優秀，或獲得成功的「某個人」所作出的反應。「羨慕有能力、評價比自己高的人」，或是「看到同年齡的人表現傑出即感到焦慮」的情感或想法，都是對他人反應而產生的嫉妒心。

嫉妒是對表現傑出者的「現在進行式」的情感，當勝負已定之後，則改變成「內疚」「自卑」「怨恨」（不滿）等「過去式」的情感。總之，嫉妒會使內心痛苦，所以應藉「正確的思考」從嫉妒的痛苦中解放出來。

如果將嫉妒的情感解讀為「對在意者的執著」，可以發現有趣的解釋。關於執著，我們重新回憶一下佛陀所說的話。

人因為三種執著而痛苦。

①想得到追求之物的執著（但是沒有如願）。

②希望能永久持有獲得之物的執著（不久之後必定失去）。

③希望使自己痛苦之事物消失的執著（但無法如願消失）。

——佛陀在鹿野苑向五比丘開示，《經藏》《相應部》

由此可知，嫉妒含有這三項執著中的兩項。一是希望他人肯定自己的執著①，但因為無法如願而感到痛苦。這是來自認同欲的痛苦；另一項是希望被周遭肯定的某個人「消失」的執著③，這是對他人感到憤怒的狀態。

也就是說，嫉妒的真正原因，是將無法滿足自己認同欲的憤怒投向他人的狀態。嫉妒也是被稱為「三毒」的憤怒中的一種。

這種嫉妒的憤怒，其實原因不在嫉妒的「對象」。因為如果自己也受到同樣肯定，那麼就不會被嫉妒心驅使了。所以**憤怒的真正原因其實是自己「未受到肯定」，無法滿足本身的認同欲。**

由此可知，這與嫉妒的「對象」沒有關係。沒有關係卻將憤怒發洩在他人身上，就與「遷怒」沒有兩樣。也與本身心情不好而大聲責罵小孩，或為了消除壓力而故意做出令人不高興的事一樣，這樣會使對方相當困擾。

嫉妒的根本原因是認同欲。

假設如此，要如何滿足認同欲呢？

主要**應該思考「我該怎麼做才能獲得他人的肯定」**，將不滿發洩在他人身上，完全是錯誤的想法。

照顧腳下——只看好自己的立足之地

要獲得他人肯定，做能做的事、該做的事，才是前面已敘述的「正確努力」。先不要觀看外面的世界，從看清自己內在的「動機」以及「現在自己擁有的東西」（能做的事）開始。

自己擁有的東西——性格、資質、技術、才能、經驗等，明顯與別人完全不同。因為原來的立足點就不相同，因此也不可能獲得與嫉妒對象同樣的成果。而且努力的方向，亦即所謂的「前進道路」當然也有很大的差異。

人看到別人獲得成果，也會期待或妄想以相同方法得到相同成果。但正確的方法，應該是閉上眼睛，在內心思考「達成獨有成果的方法」，而不要胡思亂想。

要從嫉妒中解放出來，首先應擺脫視線老是放在他人身上的狀態。不要看別人。抱著「跟別人沒有關係」的想法，消除憤怒。其次，放棄「獲得與別人相同成果（希望與別人一樣）」的妄想。

這樣就可以完全擺脫嫉妒的情感。

如果這時還有希望被肯定的欲望，不妨思考：「我能做什麼？」「我現在正在進行的工作是否順利？」「還有什麼能做的？」

然後專心提高本身的能力，改善工作與生活。這就是禪的世界所說的「照顧腳下」，亦即**不要好高鶩遠，先確認自己立足之地的生存方式**。

注意當下，不斷累積能做的事以及持續改進。這樣的努力只要看清自己的內心，從目前所在的地方開始即可，因此非常輕鬆而自然。而且不再有嫉妒之心，循著自己努力的道路，謙虛而快樂地生存下去。

做自己能做的事

在現實的社會中，一定有人能獲得肯定，也一定有人無法得到別人的肯定。這與空氣和陽光不同，社會上有價值的東西是有限的，因此，成果不同是難以避免的事。

如果自己朝著某個目標努力，結果並未成功，這時該如何思考呢？

若執著於被肯定——亦即勝利或成功，那麼將會不斷產生因為無法滿足認同欲而引起的憤怒。嫉妒、失敗感、自卑、內疚等，也是這種執著所產生的痛苦。

如果執著能帶來動力，那麼儘管去做。但是如果產生痛苦的話，就是「想法有錯誤」。必須重新架構思考方式。

從佛陀所教導的「慈愛」出發，就是以「對他人有幫助」為根本。對社會有貢獻，發揮有用的功能。「慈愛」一詞或許過於廣泛，但「以貢獻為本」的想法，相信能被多數人接受。

抱著貢獻的動機，最初就思考：「我在這裡能發揮什麼樣的功能？」真正與自己

「吻合」的人生從這時開始。

過去，大家是否曾追求與他人相同的成功與勝利，是否以同樣的想法，追求相同的生活方式？如果現在能夠認同當然沒有問題，但「今天的自己」若是感到一點點不滿，那麼過去的想法顯然與自己不合。沒有必要執著，並不是在否定自己，請改變思考方式。

如果看到有人獲得他們所追求的成功或勝利，請給予肯定：「他一定下了不少功夫！」請站在「悲之心」上，去體會那個人曾經付出了多少努力。這時就會產生出「敬意」。

但若對那個人產生嫉妒的情感，或感覺到自卑的話，請改變想法：**「我可以扮演不一樣的角色。」**

極端來說，人類的動機就是「貢獻」。不論任何人都應「有助於他人」。站在貢獻的動機上，做自己能做的事，每天在生活中能發現一些小小的喜悅或快樂的事，就已經非常充足。

生於世上，但不受世上汙染

每個人多少都會經歷挫折或失敗。但沒必要以過去的經驗為藉口，認為「自己是個沒用的人。」

因為，「每個人被賦予的條件都不一樣」。

出生的環境、遇見的人、性格、能力、遭遇（時機）都不相同。連「心理的反應」和頭腦都不一樣。

由於內在的世界不同，呈現出來的語言、行動和人生的過程當然也有很大的差異。

每個人的人生，根本上即因人而異，是不能比較的。

這種因人而異的人生，不論勝利組或失敗組，不論誰優誰劣，如果思考「為什麼

別人有而我沒有」，就是錯誤的「執著」和「妄想」。暫時閉上眼睛，重新整理思緒才是正確的作法。

閉上眼睛，可以把使你內心痛苦的許多刺激排除在外。這時，「外在的世界」將不復存在。

請注視「心內側」的平靜與安寧。同時，去找尋「自己獨有的快」吧。就這樣，以「生於世上，但不受世上之苦的生存方式」度過人生。

聞道者啊，要像藍色的蓮花、紅色的蓮花、白色的蓮花般，
雖然生於水底，在水中成長，最後浮出水面，卻未受水汙染。
成道者，在世上成長，在世上生存，
卻未受此世間汙染。

——《經藏》《相應部》

終章

回校思考的基準

恢復正確的心！不論多少次

人一直追求著某些東西，不斷反應，在痛苦之中生存。如果要從無法滿足的人生中解放出來，並獲得療癒和滿足，就必須在內心得到與現在不同的「依託」。

如何達到「人生這樣就能滿足了」的安穩狀態？

每個人應該都「為了自己」而不斷地努力著。相信沒有任何一個人在生活中想要使自己不幸，或故意犯下錯誤。

但是仔細想想，不論過了多久，都很難到達「這樣就沒問題了」的安心或滿意狀態。腦子裡始終存在著「似乎還欠缺什麼」的想法，心裡也不知為什麼一直有渴望的感覺。

內心本來就是徬徨而難以滿足的。第一個看清這個性質的人，就是佛陀。

所有的東西都在燃燒。看到的東西在燃燒。看到的心在燃燒。
貪欲的火焰、憤怒的火焰、妄想的火焰升起，都在燃燒。
內心的苦惱、衰退、喪失、憂鬱、悲傷、痛苦、煩悶的火焰升起，在燃燒著。
——在象頭山的法語，《經藏》《相應部》

「燃燒」，就是「作出反應」。內心藉欲望、憤怒、妄想來反應和燃燒。佛陀說，人類因為燃燒的心，所以一直掙扎、痛苦著。

確實，只要內心不斷反應，這種不滿和苦惱也會持續。

我們或許應該覺悟到，如果不能擁有一顆「嶄新的心」，這種內心的渴望、憤懣、不安、不能接受自己的心、生存的艱苦等，大概都無法療癒。

因此，內心應該有一個可靠的「依託」。

人生的可靠依託──正法

「依託」就是內心的支撐或內心的基礎。它與「不斷反應的心」不同，是內心反應前一步的明確生存方式及思考方式。

佛教中，稱人類應追求的正確生存方式為「佛法」（巴利語 Dhamma）。也稱為法、真理或真實。

「我願皈依正法」（Dhammaṃ saraṇaṃ gacchāmi）。

這是佛教徒宣誓的誓詞「三皈依」文中的一節。所謂「皈依」指的就是「以～為根本而生存」。三皈依是指以佛、法、僧（實踐佛陀教義的僧人集團）三者為根本。

乍看之下，似乎是宗教性的儀禮文章，但它的本質有更深的意義。也就是說，「皈依」的本質是**自我誓約——「以正確的生存方式為內心的根本」**。

現在，我們的內心是否建立在「正確的生存方式」上呢？

什麼是「正確的生存方式」？例如，

①不作反應，正確理解——佛教稱作「正見」。

②淨化「三毒」等不良反應（保持心的潔淨）——傳統上稱之為「清淨行」。

③希望所有人類和生命幸福——朝向慈、悲、喜、捨的心。

這種生存方式已超越了宗教的「佛教」。對於生存於世界上的所有人類而言，這是寶貴的品德以及普遍而正確的生存方式。沒有必要信奉，也不是依靠，而只是應該置於「不知不覺作出反應的自我」之前的「內心根本」和「依託」。

人的內心有了「依託」，才能夠從各種人生中脫出。

在河流中若無立足之地，人將被河水沖走。
得到立足之地，就不會被水沖走。
——在須達多給孤獨長者的花園，《經藏》《相應部》

佛陀的嚴詞提醒：首先要靠自己！

大部分人都向世俗的世界找尋「依託」，而不是往「心的內側」去找。例如，金錢、物質、舒適的生活，或是受社會誇讚的地位、職業、學歷等標記。大家都認為，能使自己幸福的答案在「世間」，因此相信只要努力，獲得社會上視為有價值的東西，一定能夠因此滿足。

但是，問到這種「追求心」過去得到了什麼？

答案大多是內心的渴望：「自己似乎還有不足的地方。」這是因為人類原本就有欲望、憤怒和妄想。另一方面，世界則刺激並利用人類的這些煩惱來運作，身為人的「自己」卻向外在的「世界」尋求答案，結果，只是藉欲望、憤怒和妄想來反應而已。於是反覆著追求與失望——心的輪迴——而無法自拔。可知這種真實的狀態，才是真正應該注意的。

有趣的是，**佛陀本身卻以「自己」和「正確的生存方式」作為依託，絕不依賴別的東西。**現代的佛教要求人以「佛陀」和「僧伽」（巴利語 Saṅgha，指僧侶、僧團等）為依歸，但是佛陀自己的思考卻不是這樣。

最晚年的佛陀，曾在旅途中對長年跟隨他的弟子阿難說：

> 你不再需要依賴任何東西。
> 在這個世界上，只要以自己為依歸，不必依賴其他任何東西（不要依靠、

不要執著）。

以正確的生存方式（正法）為依託，不要依賴諸行無常之物、人類的看法或言語。

——對阿難的鼓勵．佛陀最後之旅，《大般涅槃經》

這些話對於「想找尋某些依靠的人」而言，或許會感到失望。大多數的人由於對生存方式沒有自信，或是因為自己的人生只有痛苦，所以求助於外在的世界。

但是佛陀認為，**外在的世界沒有答案。**充斥於這個世界的任何標記、價值觀、思想、宗教，都是由人類的心創造出來的。不過它們不同於自己的內心。即使有時可以感覺到因為它們而得救，但**自己內心的黑暗、苦惱，最後還是得由自己來克服。**

以上訊息就是告訴我們，在自己心中的內側和深處，必須確立正確的生存方式和依歸。

踏出、回歸、持續走下去

或許你現在正陷入無止境的忙碌、無法自拔的疲憊、空虛、無處發洩的憤怒和悲哀、莫名的不安，或不由得詛咒自己人生的思緒之中。或許也感覺生活在被世界遺忘，過著一個人孤獨嘆息的日子。

這時，請暫時「閉上眼睛」。請體會自己的呼吸，仔細觀看暗處。

這時，你應該只能看見自己的「心」。

把正確的注意力放在心上。例如「體會感覺」的心。放掉力氣，使身體輕鬆，感受身體的膨脹和收縮。嘗試祈禱：「世上的所有生物都能幸福！」並抱持「悲」之心：「現在大家正抱著各種想法在世上生存著。」

反覆多次回歸這種心態。最後，反應外在現實而感到痛苦時，就回到心內側的「聖域」，默念正確的想法。

就這樣，使自己的心稍稍返回內側之後，再一次朝向外側的世界。

真正的人生就是反覆「回歸和踏出」。不論一天幾次，不論幾個月或幾年，最後**「回到正確的心態」**。然後再重新「生存」下去。

這種心態能將我們帶向幸福。

始終不忘記正確的方向

佛陀絕不會妄想不明的未來。甚至不去想像沒有根據的光明未來，寧可**重視眼前能做的事情，抱著光明的希望，祈禱「順利抵達目的地」**。這種心境可以說就是「信賴未來的人生」。

佛陀其實原本超負面思考?!

世上常聽到人們說「負面的思考」「消極的思考」等說法，佛陀本人在悟出正確的生存方法之前，也為超悲觀、非常負面的想法所困擾。

佛陀在成道之前，原名悉達多．喬達摩。他在年輕時曾有以下這些苦惱。

宮廷生活的奢華、健康的身體、人人羨慕的年輕，到底有什麼意義？
肉體會生病、老去，終有一天會面臨死亡。
這樣的話，年輕、健康、不快樂的生活，有什麼意義呢？

——喬達摩年輕時的苦惱，《經藏》《增支部》

喬達摩身為王族的子嗣，過著非常奢侈的生活，照理說應該沒有什麼煩惱才對。但是喬達摩也和許多人一樣，想像到「人生的未來」。覺悟到目前享受的一切生活，不久之後都會因為生病、年老和死亡而失去。「到底為了什麼而生存？」這是喬達摩的疑問。

對於當時喬達摩的煩惱，一般有兩種解釋。

第一種看法是：「想得太多，太過於悲觀。」

第二種看法是：「真不愧後來能成為佛陀，非常聰明，很清楚觀察到現實。」

我認為這兩種看法都是正確的。

若是普通人，大概會在追求「還沒有獲得的某些東西」的中途，人生就結束了。在追求物質的享受、肉體的快樂、勝利欲和榮耀的滿足等微小夢想中，迎接壽命的終了。有些人則執著於「未能獲得的東西」，抱著不捨、懊悔、怨恨的心情生存。不論哪一種人，都過著為「追求心」而死亡的人生。

但是喬達摩不同，他思考：「不論得到多少東西，最後都會失去。」從好的角度來說，這是「敏銳的洞察力」，但從壞的角度來看，則是「過度極端」。

或許宮廷生活一成不變，令人感覺鬱悶，於是感覺「不論做什麼都非常空虛」，並不稀奇。

不過喬達摩的想法有些不同——

他在「只有悲觀的現實中」，開始探索「新的生存方式」。

人都是追求某些東西而生存。追求的東西有兩種，有人追求錯誤的東西，有人追求正確的東西。

追求錯誤東西的，是無法逃避年老、生病和死亡等「喪失」的人，他們可能一直在追求不會年老、不會生病、不會死亡。

追求正確東西的人，可能察覺到這個錯誤，因而追求能克服「喪失」、脫離人類苦惱的生存方式。

現在的我——不過是在追求著錯誤的東西而生存。

——喬達摩年輕時的苦惱，《經藏》《增支部》

這裡可以看見後來佛陀教義的本質「正確思考」的一部分。也就是正確思考之一「觀察方向性」的思考方式。

一般人都希望年輕、健康、長壽、富有，以及自己的經歷、地位、學歷、評價等受到他人讚賞。這是以獲得世俗的價值為「方向性」的生存方式。

但是，這些價值未必能夠得到。而且到手後常無法持續，可能很快就會失去，經過數十年後，甚至連自己的存在都會被社會遺忘。

即使如此，人依然不斷追求，並希望不要失去——喬達摩認為這是「追求錯誤目標的人生」（啊，好空虛）。

喬達摩的天才在此之後顯露出來。他不僅懷疑自己的生存方式，並打算探索「脫離這種痛苦的生存方法」。

這裡所謂的「脫離痛苦」，並不是指「退出人生」「死心」「否定社會」等負面或消極的方向。

而是指「所有的人類都因為無法如自己所願的現實而痛苦。與其這樣，不如抱持不會受現實所苦的心」。

以最高的領會為目標

喬達摩經過多年的煩惱之後，在二十九歲時，決定暫時離開世間。他在晚年時曾回憶當時的想法。

聞道者啊，我是為了追求「善」而出家。

——佛陀晚年的回憶，《大般涅槃經》

這裡所說的「善」（巴利語 kusala），意味著感覺善的心境，以及除去疑問和糾葛，清澈而明朗的心理狀態。年輕時一直苦惱著的喬達摩，用善這個詞來指稱從痛苦中解放出來的狀態和未來應追求的方向。在原始佛典中有這樣一段話：

我要將逐漸老去的心，變成不會老的心。
將苦惱的心變成平靜的心、安寧的心和無上的領會。

——原守墓的長老須卑的話，《長老偈經》

「無上的領會」與喬達摩年輕時追求的「善」意義相同。意為「脫離苦惱，恢復自由的心境」。

人始終在追求著某些東西，並為無法如願的現實而感到痛苦，也為失去時的現實而煩惱。但是在這種「現實」中，不妨去等待不被「現實」吞噬的心。然後克服苦惱，目標是「領會的境地」。最後一定能夠到達。

「領會」是很主觀的。我們只要自己認為「好」就達到了。這是只要「一個觀念」就能達成的，不論幾歲，不論任何狀況，都可以得到。

若以「領會」為人生的方向，之後隨著時間的經過，就會逐漸接近。不論每天的工作或家事，以「自己能夠領會」為基準的話，相信就能減少被外在世界吸引。

當然，不如意的現實和不能相互理解的人未來也還會出現，但屆時正應該拒絕對惡作劇反應，閉上眼睛，注視內心，回到「正確的心態」。這樣的話就能得到理解。

中途不論產生任何痛苦的想法，為了之後的人生能夠「有所領會」，只要再從頭開始即可。

佛陀所教導的，不是「改變」現實。也不是「戰鬥」。他的想法是，**現實會繼續，人生也會繼續，在這種生活之中不增加內心的痛苦，以「能夠領會」的生存方式生活。**

我們所必要的，是正確的生存方式、思考方式和內心的使用方法，以達到自己「最高的領會」。

這正是在現實世界中，「如何面對」這種人生的內在課題。能夠面對這個主體性的問題時，才能實現超越現實的生存方式。

> 我以前沒有正確思考，因此常掩飾自己，經常動搖，搖擺不定，被欲望操弄。
>
> 因為佛陀巧妙的指導，我才能正確實踐，好不容易從躊躇不決的人生中走出來。
>
> ——佛陀弟子難陀的告白，《長老偈經》

相信自己的人生

內心要有依託；要有正確的方向。在生存上最重要的就是確立這種「道」——生存方式。

確立了「道」，在人生道路上就不會迷失方向。

「循著這個『道』前進即可。一定能到達『悟』的境界。」而且能夠信賴自己的人生。

任何煩惱都能克服

人為什麼會被煩惱操控？

不如自己所願的現實確實存在，還有難以應付的人和自己內心的弱點。但這些為什麼會成為「痛苦」呢？

推測這是因為有一顆「不知不覺就會作出反應的心」。

作出反應，受憤怒、欲望驅使，腦子裡浮現不好的妄想。在自己也沒有察覺到的過程中，「執著」於各種想法，結果產生煩惱。

「執著」的根基就是「不知不覺作出反應的心」。在佛教的世界裡，這種心自古以來即稱為「無明」（巴利語 avijjā，指看不見的狀態）。

應該要看清反應，仔細注意，而且不要作出無謂的反應。如果能消除反應，人就能脫離痛苦恢復自由。當然，在生存過程中或許還會發生「問題」，但應不至於再有「痛苦」。

能實現這種人生的，就是**佛陀的智慧——正確理解和正確思考**。本書的主題也就是學習佛陀的這種智慧。

人類遭遇的任何煩惱或痛苦，一定都能解決。必要的「方法」，正是佛陀給我們的訊息。

所謂「方法」，是指心的使用方式。也就是不要作出反應而受苦，應正確理解，重新整理痛苦的反應，成為能帶來人生最高領會的思考方式和生存方式。

請理解所謂佛教，就是這種生存方式——道——的實踐。

若能立於「道」之上，之後就能在現實之中生存，有時還能回到「正確的生存方式」，再重新展開新的生存方式。即使有時露出自己的弱點，不慎作出反應而遭遇新的煩惱，只要記得「道」就能安心。然後再從這裡重新出發即可。

能夠實踐這種生存方式，將可在人生中看見希望。

人只要站在「道」之上，就可以信賴人生，「沒問題的，一定可以抵達目的地」。

一定能抵達終點

佛陀的弟子中，曾經有一名比丘尼。她有悲慘的過去，拋棄富裕的娘家，與男僕私奔，之後又失去丈夫和兒子。她為了療癒受傷的心，專心修行，但始終無法忘記往事，而感到非常痛苦。

有一天她在小河中洗腳時，看到水從高處往低處流，心中湧現一個信念。

現在我位於正確的道路上。
就像水往一定的方向流一般，我的人生一定能夠脫離苦惱。

——比丘尼帕扎佳拉的告白，《長老尼偈》

帕扎佳拉繼續專心修行，最後終於從痛苦中解放。

你在**苦惱時應該思考的是，回歸正確的生存方式和正確的內心使用方法。不要怨恨過去或他人，也不要往壞處想像未來。更不要責備自己。**

「這個生存方式是正確的，有問題的時候就回到這種心態。」

這樣思考是最好的答案。如果還沒有達到這種境界的話，務必從現在開始學習和嘗試，以掌握自己的「依託」，沒有比這個更好的生存方式。

能找到心的歸處——依託的話，之後只是「時間的問題」。重視今天好好生活，最後一定能到達「最高的領會」。

啊～我終於從水中登上陸地。
過去被劇烈起伏的內心操弄的我，現在終於到達真實的道路。

——原異教徒長老的告白，《長老偈經》

人的心，是不受外界現實操控的「幸福聖域」。

之後，要將什麼樣的「想法」放在這顆心裡？為了達到「最高的領會」，就從現在開始培養吧！

生存下去吧！

www.booklife.com.tw reader@mail.eurasian.com.tw

第一本 122

不反應的練習

讓所有煩惱都消失，世界最強、最古老的心理訓練入門

作　　者／草薙龍瞬
譯　　者／劉滌昭
發 行 人／簡志忠
出 版 者／究竟出版社股份有限公司
地　　址／臺北市南京東路四段50號6樓之1
電　　話／（02）2579-6600・2579-8800・2570-3939
傳　　真／（02）2579-0338・2577-3220・2570-3636
副 社 長／陳秋月
副總編輯／賴良珠
責任編輯／張雅慧
校　　對／張雅慧・柳怡如
美術編輯／林雅錚
行銷企畫／陳禹伶・鄭曉薇
印務統籌／劉鳳剛・高榮祥
監　　印／高榮祥
排　　版／莊寶鈴
經 銷 商／叩應股份有限公司
郵撥帳號／ 18707239
法律顧問／圓神出版事業機構法律顧問　蕭雄淋律師
印　　刷／祥峰印刷廠
2024年6月　二版
2024年9月　二版8刷

HANNOSHINAI RENSHU by RYUSHUN KUSANAGI

定價 320 元　ISBN 978-986-137-448-2

佛陀其實跟你我一樣想很多，甚至悲觀，
不同的是，他看透生老病死的現實，悟出「正確的生存法」。
佛陀教誨，毋須改變現實、毋須戰鬥，
而是領會怎麼在每一天的生活中不增加內心的痛苦，
正確的過活、正確的思考、正確的使用內心，
以達到自己「最高的領會」，實現超越現實的生存法。

——《不反應的練習》

◆ **很喜歡這本書，很想要分享**

圓神書活網線上提供團購優惠，
或洽讀者服務部 02-2579-6600。

◆ **美好生活的提案家，期待為您服務**

圓神書活網 www.Booklife.com.tw
非會員歡迎體驗優惠，會員獨享累計福利！

國家圖書館出版品預行編目資料

不反應的練習：讓所有煩惱都消失，世界最強、最古老的心理訓練入門 / 草薙龍瞬著；劉滌昭譯. -- 二版. -- 臺北市：究竟出版社股份有限公司，2024.06

240面；14.8×20.8公分 --（第一本；122）

ISBN 978-986-137-448-2（平裝）

1.CST：佛教哲學　2.CST：佛教修持

220.11　　113005524